宇佐美寛
野口芳宏［著］

教育と授業

宇佐美寛・野口芳宏往復討論

さくら社

序章

宇佐美 寛

野口先生から学べる。うれしい。楽しみである。光栄である。

両著者は国語教育について書くことになっている。

しかし、論究は〈読み・書き〉の指導の範囲にしぼられることになるだろう。〈話す・聞く〉という学習を指導するのも、もちろん国語教育の当然の範囲である。しかし、口頭の音声によるコミュニケーションをこのような文字による文章で論ずるのは困難である。限界が有る。宇佐美は、そのような論究の方法が十分にはわからない。自ずから〈読み・書き〉指導の範囲に限られることになる。

教育と授業

宇佐美寛・野口芳宏 往復討論

もくじ

第1章

前おきも必要である

野口芳宏

1. まず、私の「前おき」から

心から尊敬するお一人の宇佐美先生の御高著にはいつも敬服しつつ拝読している身の私が、思いがけないことから先生の御高著に対していささか腑に落ちない点や、分かりかねる点について率直な管見、私見を述べ、さらに先生のお考えを聞かせて戴くという機会を戴いた。光栄の至りである。――というような「前おき」が、どうしても私には必要である。これを書かずにいきなり、腑に落ちないことや疑問点を書き始める訳にはいかない。

私の疑問や考えは、さくら社から平成三十年七月に刊行された御高著『国語教育を救え』を主たる対象として述べることとしたい。むろん同著の序にある三冊の御著書を改めて拝読しつつ、御指導を戴くつもりである。

また、私の本心、本音を言えば、全て敬意をこめて先生、御高著、御高見、お叱り、などと書きたいところなのだが、以降では、本書の性格上、著書、見解、指摘、意見、というように敬語を敢えて省いて記述していくことにする。「心を鬼にして」というに近い心境であるがお許しを乞う。——これもまた「前おき」であるが、これらを書かない訳にはいかない。

このような事情から、先ずは「第6章　前おきをやめよう」というところから、腑に落ちない点、疑問点などを述べていきたい。「前おきをやめよう」と著者が書いているのに、私はそれに従っていないこと自体が、私の一つの立場表明にもなってくる。

2. 冒頭の一文に同感、批判に疑問

著者が「武士の情」として筆者名を伏せたA・B二つの「文章の冒頭」の吟味から始めたい。必要な部分のみを引用する。AとBの二つの文例が引用されているが、Bへの吟味の紙幅がないのでAのみとなる。

Aのタイトルは、「一　語彙力の強化を目指した授業づくりのポイント」であり、その冒頭は次の一文である。冒頭のこの一文に私は同感、賛同したい。

> 人間の思考に深くかかわる言語力の基礎は、語彙力に支えられている。

この一文に対して著者は、まず次のように述べている。

> 不可解な事柄だらけである。いったい「人間の思考」はいくつの層から成っているのか。「深く」かかわるのだから、深い層が有るらしい。そこに「かかわ」っている言語力というものが有るらしい。(87頁)

Aの文章の冒頭の一文は、「不可解な事柄だらけ」なのだろうか。私には何の抵抗もなくすんなりと読めた。「人間の思考」は、言語によってなされるのだから、「思考に深くかかわる言語力」という表現に格別の違和感はない。「深く」は、無くてもいい語だが、あった方が説得力を増す。強調効果がある。「言語力」は、「言葉の力」と言いかえてもよいだろう。別に「不可解」ではない。

その「言語力の基礎は」、つまり「言葉の力の基礎は」というほどの意味であり、それは「語彙力に支えられている」という意味と解して大きな誤りはあるまい。「学力」は「学習によって得られた能力」であり、「体力」は「身体の、作業、運動の能力」である。説得力、老人力、女子力なども使われている。「語彙力」という言い方も「語彙に関する量や質や使い方を総合した力」と考えて大きな誤りはないだろう。それらは、当然「思考に深くかかわりを持つし、その意味では「言語力の基礎」が「語彙力に支えられている」と言える。私には一向「不可解」ではなく、分かったつもりでいるのだが、それはよくないことなのだろうか。少なくとも「不可解な事柄だらけ」とは、どうしても思えない。いかがであろうか。

論文の筆者が「語彙力の強化を目指した授業づくりのポイント」というテーマの下に論述するに当たって、「語彙力の強化」と「思考力」とが極めて密接な関係にあるという考えを、まず読者に伝えておく必要があると考え、「前おき」として件《くだん》の一文を冒頭に置いたのであろう。それは、それで何の問題もなくうなずけることである。

だが、著者は次のように「不可解」な点を示している。

ア．「いったい『人間の思考』はいくつの層から成っているのか。」
イ．「『深く』かかわるのだから、深い層が有るらしい。」
ウ．「そこに『かかわ』っている言語力というものが有るらしい。」

このようなことは、論文の筆者は考えてもいないことではないか。そして、それは筆者が述べようとしていることではないので、そのことには触れていないだけのことであろう。いかがであろう。

3．続く二文の批判にも疑問

論文の筆者は、冒頭の一文に続けて次のように書いている。

> 生徒が深く思考していくために、語彙の量（豊富な語彙知識）と語彙の質（精度の高い語彙運用）の二つを強化していくことは、国語の授業をつくっていく上で大変重要である。

これで第一段落が終わる。これが、著者の問題にしている「前おき」の部分である。次の第二段落は、「さて、」と始まり、本題への起辞となっている。このことによって、第一段落が「前おき」だと理解できる。

この第二文の「生徒が深く思考していくために」という部分について、著者は次のように書いている。「不可解なこと」の一部であろう。

エ．「この『深く』と第一文の『深くかかわる』の『深く』とは、同じなのか、違うのか。」

オ．「『深く思考する』と『正しく思考する』『明晰（明確）に思考する』『精緻に思考する』『入念に思考する』等とは、どう異なるのか。どう関係しあうのか。

カ．「『語彙力』とは何か。その説明も無いままである。」

著者が述べているこれらのいちいちについて、読者の一人である私はあまりかかわりたくない。というよりも、私にとっては、どっちでもいいじゃないか、という思いである。どんなに厳密に考えを述べようとしても所詮は「言葉」の限界は超えられない。ある程度の範囲でしか伝えられない。「大好きだよ」という言表でさえ、「どの程度か」という問いに答えきることは不可能であろう。

「エ」の「深く」の両者の意味は「同じ」でよいだろうし、「オ」の「深く思考する」は、「正しく」とも「明晰に」とも「精緻に」とも、「入念に」とも厳密には異なるだろう。だから「深く思考する」と書くのである。少なくとも「浅く」ではないことははっきりしている。「カ」についてはすでに述べた。

なお、著者による次の文章についても「腑に落ちない」のでちょっと付言しておきたい。A・Bの例文を示したすぐ後の文章である。

例を挙げていると、きりがない。国語教育関係の雑誌は、どれもこの種の前おき文で満ちている。

まじめな筆者ならば、このA・Bの第一段落のような文章は書かない。また、まじめな読者ならば、このA・Bの第一段落の文章を読む意欲を初めから持たない。

(86—87頁)

「まじめな筆者ならば、このA・Bの第一段落のような文章は書かない。」「まじめな読者ならば、このA・Bの第一段落の文章を読む意欲を初めから持たない。」とある。私は、これに近い「前おき」を書くし、またこのような「前おき」を読む。著者によれば、野口は「まじめではない」つまり「不まじめだ」ということになるらしいが、そうなると私はどうも「腑に落ちない」ことになる。私は、ごく普通の言い方では、「まじめ」な部類ではないかと思っているからだ。

誠実でない言いのがれや、冷やかし半分だったりふざけ半分だったりした論述であればむろん「まじめ」とは言えないが、このような「前おき」を書くか、書かないかによって「まじめ」「不まじめ」が問われる筋合いはないだろう。「前おき」と「まじめ」は、本来無関係なことである。無関係なことを無理に関係づけることを、俗には「こじつけ」と言うのだが、哲学的には何と言うのだろうか。

私は、読者の一人であって論文の筆者ではない。従って、著者の批判に対して応えなければならないという立場にはない。さりとて、単なる第三者的な立場から、著者の批判に対して「我関せず」と消極的な傍観者を決めこむのは、筆者に対しても、著者に対しても礼を失するように思われたので若干の所感を述べた訳である。

この調子で書いていくと紙幅が足りなくなる。「前おき」について以下に率直な考えを述べてこの件に関するまとめとしたい。

4.「前おき」の意義、効用

さる高名な国語教育学者は講演で「前おき」をしなかった。いきなり、「一九四八年の十二月に……」と始まる。用件だけである。率直なところ、私は「冷淡、非情」を感じた。講演の中味も実用一点張りだった。温かみも、面白さも、親しみも持てないままで終わった。

玉川大学の創立者であられる小原國芳先生の晩年に、小学部の公開研究会に出かけた。國芳先生は講演の第一声で、「皆さん、全国各地から、こんなに沢山、ようこそおいで下さいましたなあ。有難うございます」と、深々と頭を下げられ、参会者を労《ねぎら》い、歓迎し、感謝して下さった。「ああ、こうして、人は迎えるものか」と、私は胸にこみ上げるものを感じた。

小原國芳先生は、「こんなに沢山」と言われたが、その数はざっと百人ほどの少人数であった。当時の私の勤務校である千葉大附属小学校の公開研究会は、毎年千人超の来会者があったから、「こんなに沢山」とおっしゃる小原先生の謙虚なお人柄に、いっそう尊敬の念を深めたことであった。これもまた「前おき」の大切さを示す一例とも言えるのではないだろうか。

挨拶は、「前おき」と全く同義ではないが、「前おき」の一つとは言えないか。『徒然草』の三十一段が思い出される。最短篇とも言える佳話である。

> 雪のおもしろう降りたりし朝、人のがり言ふべき事ありて文をやるとて、雪のこと何とも言はざりし返事に、「この雪いかが見ると、一筆のたまはせぬほどの、ひがひがしからむ人の仰せらるること、聞き入るべきかは。かへすがへす口惜しき御心なり」と言ひたりしこそ、をかしかりしか。
> 今は亡き人なれば、かばかりのことも忘れがたし。

趣深く降り積もった雪の朝なのに、そのことに一言も触れないで用件だけを告げた手紙に対して、その無風流な心を残念に思ったという内容である。私の大好きな一篇である。

これは「前おき」のない用件本位、実用のみの無風流を「口惜しき御心なり」と嘆じたものである。論文は手紙とは違うことは十分に分かるが、「一事が万事」ということもある。小原國芳先生の人間味、人柄と、さる高名な国語教育学者の違いを彷彿させる。

念のため、改めて「前おき」を辞書で調べた。『明鏡』の解説を引く。

「前置き　本題・本論に入る前に関連することなどを述べること。またそのことばや文章」――とある。本題・本論に相手がスムーズに入っていけるようにという心づもりで語るのが「前おき」の目的である。本題・本論に全く関係のない身勝手な話や無用な長広舌は論外だが、本来の役割にふさわしい「前おき」は必要であり、有意なものと言えるだろう。

以上のような理由から、「第6章　前おきをやめよう」という著者の主張、論述には賛同しかねるのだが、いかがなものであろうか。本稿は、私的な往復書簡ではなく、一冊の書籍となる予定であるから、広く読者諸賢にも考えてもらいたい問題でもあるし、私への批判もして欲しいと考えている。

第2章

語・文・状況

宇佐美 寛

I

野口芳宏先生

もう何十年にもわたって御厚誼を賜ってまいりました。この間、多くの御教示・御指導を頂きました。まことに、ありがたいことでございます。

また、このたびは御縁があり、いわば往復書簡の形でお教えいただけることとなりました。うれしく存じます。

私は、今回の原稿を書く過程では、頭の中で、今までのように直接、面と向かって話しあいをさせていただきつつあるようなつもりで、思考しておりました。その思考の調子を続けて、少なくともこの第I節だけは、この敬体（です・ます体）で書かせていただきます。いわゆる「内言」（inner speech）を生かして書くわけです。

この往復原稿の内容を考えるとき、私は多数の読者を意識します。どんな読者がどう読むだろうかと考えながら書きます。当たり前です。原稿は、第一には、読者のために書くものだからです。

したがって、私は野口先生と同時に、読者を意識しています。両者を相即的に、つまり「読者」というプリズムを通して「野口先生」を、また、「野口先生」というプリズムを通して「読者」を見ているわけです。

もちろん、野口先生も、このような、御自分・宇佐美・読者の三角関係において思考を進めておいでのことと、私は想定申し上げます。

初めからここまでは、どうしても書きたかったことです。野口先生の文章でも、「書かない訳にはいかない。」と書かれています。私の「どうしても書きたかったこと」と同じでしょう。

「書かない訳にはいかない。」というほどの重要・必要なことが、なぜ「前おき」なのでしょうか。要らない言葉こそが「前おき」なのだと思うのですが。

ここを書きながら、ほぼ六十年前の学部一年生の頃を思い出しました。授業で、ある学生が「時には無駄も必要です。」と言いました。教師は「必要なものが、なぜ無駄なのか。」と突っ込んでにやにやしていました。

この「無駄」も「前おき」も、このままでは未熟・あいまいな概念です。明確な概念とは、「それではないものは何か？　それではないものと区別する基準は何か？」という問いに答え得るものです。

「前おき」について言えば、その文章のコミュニケーションの目的にとって無関係な言葉は「前おき」です。文章が伝えようとする内容と無関係だから、文章の果すはずのコミュニケーションの妨げになります。

先生と私との「書かない訳にはいかない」部分は、この書物全体とは無関係な「前おき」に過ぎないのでしょうか。

両著者のこの部分を読者は、どう読むでしょうか。

ある程度の読解力がある読者ならば、この部分を読んで、例えば次のように考えるでしょう。予測するでしょう。

両著者は長いつきあいだそうだ。それぞれが「頭の中に」蓄積・組織した情報構造は共通・同質の部分が大きいだろう。一方があまりに無知で、論議に著しいずれが生じるという事態は考えにくい。

また、大問題についての、正面からの是非の対立も起きないだろう。また、そのような大問題が有るのならば、この部分で予告するはずである。

小さい具体的な問題例を使って論ずることになるだろう。その場合でも、問題の解決は論じられないだろう。無理である。この書物のページ数による限界である。

そうなると、両著者は、結論を求めるのではなく、読者が今後、思考・探究するのに参考になるヒント・示唆を具体例とともに書くという道を歩むであろう。

先生と私とは、「書かない訳にはいかない」部分を通じて、読者にこれだけのことを考えさせ得るのです。この書物の読者に、この本を読む心がまえ、態度まで教えているのです。これは、「前おき」ではありません。この書物の本質的部分です。

Ⅱ

前記のように、第Ⅰ節だけは敬体で書いた。この第Ⅱ節以降は常体で書く。右に「書かない訳にはいかない」部分は「有意義なことを教えているのだ。」という旨を書いた。

読者の中には、これに納得せず、次のように異論を言う人もいるだろう。「そんなありがたいことは、書かれていない。読者が解釈し、原文の意味を拡大するから、『教えている』ことになるのだ。」

この異論は、半分正しい。たしかに、読者は解釈したのだ。

しかし、文章を読むのに解釈を排除したならば、まさに原文の文字どおりに暗記して、それを吐き出すしかない。「何が書かれているのか？」と問われたならば、原文の活字どおりを再生するしかない。再生が面倒ならば、黙って原文の紙を示せばいい。まさに、それが書かれている内容なのである。

だから、読むこと（読解）は、解釈である。字面には無いことを解釈によって創出するのである。

「大日本帝国憲法
第三條　天皇ハ神聖ニシテ侵スヘカラス」
伊藤博文の『憲法義解』はこの条文の解釈を書いている。天皇は政治に関わってはならない、また、何人も天皇を政治的主張のために利用してはならないという趣旨だというのである。のちの天皇機関説に通じるものがある。つまり、天皇が現人神であるなどを意味するものではない。

伊藤に限らず、明治維新という革命を担った「元勲」たちが天皇を神だと思っているわけがない。同志仲間では天皇を「玉」（ぎょく）と称して革命の道具として見ていた現実主義者たちであった。

「日本国憲法
第二十四条　婚姻は両性の合意のみに基いて成立し、」
「婚姻」とは結婚生活のことではない。夫婦関係の成立を法的に認める戸籍変更のことである。

旧憲法時代は、一方が知らぬうちに婚姻の手続がとられてしまう法律上の略奪婚が起こっていた。知らぬうちに妻にされたり、知らぬうちに離縁されたりするという事態が起きていた。

このような歴史的状況が有ったがゆえに、憲法は両性の合意の上での手続が必要かつ十分であると保証したのである。

右の二つの事例は何を意味するか。

解釈は、その文言のみではなく、状況の解釈をも含んでなされるべきである。言語と非言語との解釈が併せ行われないと言語の解釈さえ出来ない場合が多いのである。

ある文章で〈何が書かれているか〉は、難しい問題である。

いわゆる「冬景色」論争（昭和四十五年）を思い出す。かつて小学校の教科書教材であった「冬景色」について、西郷竹彦氏は、春待つ心が書かれているのだという趣旨を主張した。この主張に古田拡氏が反対し、さらに諸家が参加した論争である。

教育界は、この論争の分析・評価を行うべきであった。そう意図するだけの力が無かったのだろう。残念である。

Ⅲ

この節以降は、ふつうの学問的論文の文体で書く。

> 人間の思考に深くかかわる言語力の基礎は、語彙力に支えられている。

この一文が、いかに混濁し意味不明であるかは、すでに『国語教育を救え』87頁で論じた。また、野口氏が引用してくださっているので、ここではくり返さない。

「語彙」＝「その個人が使用する語の総体（を集めたもの）。」（『新明解国語辞典』第七版）、「語の力」と称し得るものが有ると、筆者は（野口氏も）考えているらしい。しかし、そんなものは無い。有るのは「文（センテンス）の力」である。

だから、右の混濁し構造不明の原文に代えて、私なら、次のように書く。

言語力とは文（センテンス）を使う力である。

文は、判断を示す表現形態の単位である。

文とは無関係に（文の中ではなく）語の意味を教えることは、不可能である。最短の形でも「○○の意味は――である。」という文の形をとる。

このような「判断の単位」という形式は、思考・言語を重要な研究材料とする諸領域で共通に見られる。例えば、数学における等式、論理学・哲学における命題である。

算数で、4の意味を等式とは無関係に、それ自体で教えるのは不可能である。4＝2＋2、4＝2×2などの等式がわかるから、4の意味がわかるのである。「4は3の次の数だ。」とわかるのは、4＝3＋1という等式がわかることである。等式を教えないとしたら、「ヨン」という音を暗記しおうむ返しする状態にしかならない。それと同様に、語は文の中で使われるからこそ意味を持つ。

文が使われるのは、（先に「神聖ニシテ侵スヘカラス」や「婚姻」の例で論じたように）状況の中で、状況と絡んでのことである。語の意味は、独自に（隔離されて）は成り立たない。

(なお、「文」に関心のある人には、時枝誠記『国語学原論』の「第三章　文法論」中の「四　文の成立条件」を読むことをすすめる。)

読み書きの教育は、(語ではなく)文の使い方を教えるべきものである。一文ずつに教師の意識が行きとどくように、一文一義の短文を積み重ねるべきである。(『教師の文章』「第3章　心理文を排す」をお読みいただきたい。)

文章を書くのは、読者のために書くのである。(そう意識しなければ、焦点が定まらず、混濁した文章になる。)そして、特に全国的な教育誌に書く人は、日本の教育に新しい概念を提供することによって奉仕する意図で書くべきである。その意味では、単なる私事ではなく、公的な仕事である。

私は、若い時から、そう思ってきた。だから、「読者のため」が念頭に無いらしい(とうてい、読者には理解不可能な混濁した)文章の筆者を「まじめ」な筆者だとは思えない。

文章を書く経験が少なかった若い教師がこの種の抽象論をうまく書くのは、きわめて困難である。それならば、(いや、それだからこそ)なるべく初めに近い場所に具体的な材料を書くべきである。具体的材料を読者と共有し、読者にも共に思考を進めてもらうべきである。私は若い時から、そう心がけてきた。『国語教育を救え』『教師の文章』等の拙著における各章の構造を点検してもらいたい。なるべく初めに近い位置で、引用によって具体的な材料を置いていることがわかるだろう。

私もあの悪文の読者である。だから、読者に対する当然の奉仕を受けていないという不満を感ずる。批判・抗議を書くのは当然である。

前記の「日本の教育に……奉仕する」とは、もちろん国民に奉仕することである。だから、私は気の合う人に対しては、しゃれ気をまじえて「お国のために」本を書いているのだと言う。民主的国家の主権者である国民に奉仕するのだから、「お国のため」は、的外れの表現ではない。

あの悪文の筆者は、無自覚に、全体の概括・要約を冒頭で書いてしまった。「無自覚に」である。つまり、自分がそれ以後の本体部分で書くであろうとぼんやり考えていることを短くした形でふらふらと書いてしまったのである。書きなれない筆者は、こういう定まらない心理状態で書きはじめる。いわゆる頭括型（の崩れた形）を不安定な心理状態で書いたのである。

しかし、頭括型の文章を書くのは、なかなか厄介である。書きにくいのである。冒頭部分と本体部分との間に相違・矛盾・飛躍が生じ、読者の頭を混乱させる。また、論敵の攻撃を受けやすい。

だから、(前述のように、読者のためでもあるが、) 筆者自身の思考のためにも、具体的な材料から書き始めるべきである。例えば、事件の報告、他者の意見の引用などを使うのである。これによって、筆者は思考しやすくなる。具体的材料をどう処理すればいいかだけを考えればいい。この処理のしかたから、理論が生ずる。

Ⅳ

> さる高名な教育学者は講演で「前おき」をしなかった。

のくだりである。

講演の内容が十分に明確・詳細であり、演題に即して適切であれば、それでいい。語り方も、適切な速度で、聞きやすくあれば、それでいい。「前おき」は不要である。

私は、千葉大学教育学部で「道徳教育」の授業をしていた。約百七十名の学生が相手である。私は、「前おき」は言わなかった。

状況を作ったのである。授業開始の定刻よりも五分前には入室し、環境を点検する。黒板、マイク、掲示物やビラ（学生運動の盛りの頃である。）……。

これで遅刻の学生は、ほとんどいなくなる。他の学習規律をも指示する。

毎時間、原稿用紙一枚のレポートを宿題として課してある。数名の分を選びコピーして全員に与える。それを論評する。

ノート指導もする。「さっき言った具体例三つをどう書いた？」と言い、見てまわる。

「ノートには、まとめのような抽象・概括は書くな。具体的なことを十分に詳しく書くのだ。」と言う。

時々、復誦（recitation）をさせる。その時間で学んだはずのことについて問うのである。

例えば、話してやったはずの具体例について問う。

私語する学生など、ゼロになる。いねむり、あくび、よそ見も無くなる。

私は「前おき」などしなかった。

右については、拙著『大学の授業』（東信堂、一九九九年）を見ていただきたい。私の実践記録である。

学期の終りに、無記名（匿名）でこの授業についての感想文を書かせた。三人の分を引用する。

> 授業の前後にお辞儀をすること、帽子はかぶらないこと、ほおづえをつかないこと、先生には敬語を正しく使うこと……あたりまえのことが、できなくても注意をする先生は他に見たことがありません。
>
> 授業中の私語ができない状態を保っている授業も、これが初めてです。私語などする余裕は全くなく、一字一句聞きもらさないように気を張っていなければならない授業も初めてです。しかし、大学の授業も本来は、こうあるべきではないのでしょうか。
>
> 本をたくさん読む機会を与えて下さったことに私は感謝しています。テストができるかどうかは不安ですが、言われでもしないと読むことはなかったと思います。最近、課題図書を読んでいて、読書の大切さや楽しさを再び実感しました。
>
> 〔『大学の授業』141頁〕

「道徳教育」の講義を受けて「道徳」授業に対する考え方が大きくかわった。この講義を受けずに教師になっていたなら、私も指導書通りに教えて、登場人物の気持ちを問う授業をしていたにちがいない。意味のないことを教え、時間だけを無駄に費してしまっていたにちがいない。自分が受けてきた「道徳」授業をふり返ってみると、教育テレビを見たり、副読本を読んで、登場人物の気持ちを考えたりしていた。何を学んだのかと聞かれても答えようがない授業を受けてきたのである。そしてこれがあたりまえなのだと思っていたのである。このような「道徳」授業を後世に伝えてはいけないのだ。

そして感想文の書き方についてだが、自分の文章力のなさ、文章構成の悪さがこの授業ではっきりとわかった。最初は、何故「〜と思う」を使ったらいけないのか、何故引用を用いなければならないのかと疑問に思ったが、授業を受けてただ納得するばかりだった。

〔同書、147—148頁〕

私は、⑤—1のレポート中で、引用をする時、一文字間違えて書きました。そのレポートが返却された時、しっかりとチェックが入れてありました。

二百人近い学生が、レポートを出しているのに、その中の一文字すら見逃さない所に、宇佐美先生の、この授業に対する真剣さが伝わってきました。

宇佐美先生の授業の前評判（先輩による評判）は、「厳しすぎる」「単位を落とす様仕向けている」など、よくない評判ばかりでした。しかし、私は、その先輩達にこう言いたいです。「宇佐美先生ほど、真剣で、しかも学ぶことの多い授業をされる先生はいない」と。

この授業は、先生も真剣です。私達も真剣です。だからこそ、多くの事が学べたのだと思います。また、本嫌いだった私が、最近本に面白みを覚えるようになったのも、宇佐美先生に課していただいた十二冊の本のおかげだと思います。（良本ぞろいなので）

〔同書、150—151頁〕

照れる。

しかし、とにかく、注目すべき重要なことは、状況の成立である。授業が状況を通して機能しているということである。

教室の環境、学習規律、教師の価値観（が述べられ行われたもの）、課題図書が、学習の内容・方法と絡み関連しあい強めあっている。

教師の発する言葉は、このような状況との関係で解釈される。誤った解釈内容が生ずる危険性は少ない。

【補遺】

「さる高名な学者」の「用件だけ」の講演にも、いや「用件だけ」だからこそ、私は好感を持っただろう。（講演についての私の評価規準は、前記のとおりである。）

ある学会での小原國芳氏の挨拶を聞いたことがある。不快だった。「脱線」して「全人教育」の宣伝ばかりしていたからである。

「感じた」ものは、人それぞれ異なる。

【後おき】

野口芳宏先生

「第1章　前おきも必要である」において賜ったお導きのおかげさまで、まがりなりにも、何とか私の担当の第2章（本章）を書き終りました。まことに、ありがとう存じます。

先生の次章（第3章）で、さらに御指導・御教示くださいますようお願い申し上げます。

第3章

読めばいい？ 書けばいい？

野口芳宏

宇佐美寛先生

御返信、御高教を賜り、まことに有難うございます。久々に深い学びに恵まれました。

まずは、ごく簡単に「前置き」について若干の返返信を書かせて下さい。「前置き」を「要らない言葉こそが『前おき』なのだと思う」と、先生は書かれています。そのような概念規定による「前おき」であればむろん「前おきは要らない」ということになります。

しかし、一般的な「前置き」の概念は、「本題・本論に入る前に関連することなどを述べること。またそのことばや文章」（『明鏡』）と書かれています。また、平凡社の『大辞典』では「前置　文章や演説などに於て、本論に入る前に豫《あらかじ》め述べる言葉。まくら。序説。冒頭」とあります。

このように「前置き」という言葉が存在すること自体が、前置きが必要な証《あかし》とも言えるのではないでしょうか。「要らない言葉こそが『前おき』」ではなく、「必要な前置き」もあるということです。「書かない訳にはいかない」部分ではありますが、それは「本論」ではありません。本論に入る前にどうしても「必要な」ことがらを述べるのが「前置き」です。それは、「書かない訳にはいかない」けれども、あくまでも「本論」とは別の物でしょう。

さて、「往復書簡風」にこのようなやりとりを続けていきますと、次の話題に移りにくくなりますので、後は読者の「解釈」に委ねることとして次の話題に移ることに致します。

以降の文体は常体で述べることに致します。

1. 授業は、それ自体で「良い営み」だ

『国語教育を救え』第3章のタイトルは次の通りである。

> 読めばいいのだ、書けばいいのだ

そうであるなら国語の授業は不要ということになりそうである。そんなことはない。子供の活動だけで国語の学力が形成されるとは期待できないからだ。

著者は、三年間で三回以上作文を書いた中学校の生徒の数が「多い場合でも二割」、高校生の三年間は「ほとんどの場合、挙手はゼロ」という自身の授業体験を報告し、「書かなければ、書く能力は発達しようがない。当たり前である。」と書いている。続けて、「書かなければ、書けるようにはならない。また、読まなければ、読めるようにはならない。」（49頁）とも書いている。同感である。全くその通りだ、と私も考えている。

だが、次の考え方にはいささか疑問を持つ。そこまで言い切れるか、ということだ。「つまり、授業は、それ自体で絶対的に良いという類いの営みではない。」（49頁）

続いて、次のようにも書いている。

「病院に来なくてもいいようにするのが、病院である。病院は、病院自らを不要にするための営みである。つまり、〈自己否定的〉なのである。

この自己否定性は、病院のみならず、学校にも有るべきものである。（学校に一生いるのは幸福ではない。）

そして、授業も自己否定的な営みと考えるべきである。授業は無い方がいい。」（49—50頁）

そう考えていいのだろうか。そう考えることが国語教育を救うことになるのだろうか。

著者は、「授業は、それ自体で絶対的に良いという類いの営みではない。」と書いている。このような考えに至る論拠は次のような前段の仮定の上に成り立っている。

Ⓐ 教室の外での自発的な作文と読書が活発で多量ならば、↓しなくてもいい。

Ⓑ 授業は、どんなに楽しい授業でも、しないですむならば、↓しない方がいい。

Ⓐの前段の仮定そのものが、非現実的である。そんなことは現実的にはあり得ない。「自発的な作文と読書が活発で多量」な子供など、少なくとも一般的にはいない。「自発的な作文と読書」をする子はいるだろうが、「活発で多量」な子供は極めて稀である。このような非現実的仮定によって導かれる「書く、読むの授業は（中略）しなくてもいい」という結論は信用できない。無理だ。

Ⓑの前段の仮定も妙な説明で納得し難い。「どんなに楽しい授業でも」という部分は、何を意味しているのだろうか。「どんなに価値ある授業でも」としてもよいのだろうか。

あるいは、「どんなにすぐれた授業でも」と書き変えてもよいのだろうか。いずれにせよ、ここでは、

「しないですむならば、↓しない方がいい。」

という論理構造になっていることが問題なのだ。「しないですむならば、↓しない方がいい」に決まっている。言うまでもないことである。「しなくてはすまない現実」があるからこそ、授業が行われているのだ。

また、著者は「授業は、それ自体で絶対的に良いという類いの営みではない。」とも書いている。だが、「絶対的に良いという類いの営み」などというものは、この世に「絶対に」存在すまい。これまた当然であって言うまでもないことだ。

だが、「絶対的に」という部分を外して、「授業は、それ自体で良いという類いの営みではない」ということになれば、その考え方は誤りであろう。「授業は、それ自体で良いという類いの営み」なのである。少なくとも、「それ自体で悪い営み」とは言えまい。授業は本来的に善事であり、善行である。

以上のことから、「この自己否定性は、病院のみならず、学校にも有るべきものである。（学校に一生いるのは幸福ではない。）」という主張にも疑問を感ずる。（　）の中の「一生」も

また非現実的な仮定である。そんなことはあり得ない。現実は「ある時期」または「ある期間」なのであるのだから、病院の自己否定性を学校にそのまま適用することはできない、と私は考えている。

同時に、著者の次の主張にも疑問を呈したい。

「そして、授業も自己否定的な営みと考えるべきである。授業は無い方がいい。」

「授業は無い方がいい。」のではなく、「有るべき」なのだ。

著者が、体験として書いている次の一文もまた極めてレア・ケースであり、その意味では一般性を欠く事例と言うべきだろう。

「私自身、読み書きの能力は、学校の外で、自分で伸ばした。」（50頁）

野口の狭い経験から言えば、こういう人に会ったのは宇佐美先生以外には記憶がない。

以上、腑に落ちない、納得し難い点を主とした述べ方になったが、次の結びの段落の主張には全く同感である。ぜひともそうなることが授業の「理想」であろうと思う。

> また、授業は読み書きを好きにするような質のものでなければならない。授業によって、大量に読み書きする意欲が増大しなければならない。
>
> （51頁）

ただし、この「理想」の具現、普及の困難をも思う。

2.「発問」は学力形成上重要な方法だ

著者は、「発問」について第3章のIIで次のように述べている。

> 発問によって行なわれる授業というものは、不自然であり、きゅうくつで不自由なものである。「この問い以外の道は考えるな。」という「かくれたカリキュラム」で子どもの思考を束縛しているのである。思考を狭い範囲に閉じこめているのである。
>
> （51頁）

「不自然であり、きゅうくつで不自由」というのは著者の解釈、評価であり、それはそれで一つの考え方だから格別の異論はない。問題は、それに続く「子どもの思考を束縛している」「思考を狭い範囲に閉じこめている」という考え方、断定、主張の部分である。なお、正確には、「発問」がそうしているのではなく、「この問い以外の道は考えるな。」という『かくれたカリキュラム』で」子供の思考を束縛したり、狭い範囲に閉じ込めている、という文脈になっている。しかし、その大本は「発問」にあることは明らかである。

そして、仮説実験授業方式を国語の授業では「してはいけない。」とした後で「同様に、発問による授業の狭さ・不自由さをおそれ避けるべきである。」（52頁）と主張している。

こう言われると、国語の授業のあり方を実践的に探究してきた一人として何とも腑に落ちず、これは反論しなくてはならないと考えるに至った。

そもそも、「問い」というものは、問われた者にとっては、ある程度において「不自然であり、きゅうくつで不自由なもの」とはなるだろう。思いがけないことを問われたり、考えたくもないことを考えざるを得ない羽目に追いこまれることもあるので、それは当然のことである。問い自体が孕《はら》む宿命でもある。

そして、その問いに対して答えようと努めている限り「この問い以外の道は考えるな」という制約を受けるのもまた当然である。私は、しばしば、「問われていることに答えよ」という言い方で、問われてもいないことを長々と喋るようなことを制してきた。授業という時間の制約を受けつつ、ある目標に到達する過程にあっては、勝手なお喋りを許す訳にはいかないからだ。

　そのことによって子供の思考を「束縛」したり、「狭い範囲に閉じこめ」たりすることはよいことなのである。それが話し合いあるいは討議における発言者としての当然のあり方だからだ。そのような、望ましい方向づけに寄与する「かくれたカリキュラム」の働きもまた当然歓迎すべきである。

　一般的には、「束縛」や「閉じこめ」という言葉は、「きゅうくつで不自由」というマイナスイメージとしてとらえられがちだが、そうではない。

　考えたり、話したり、書いたりする人間的行動の全ては「制限」や「限定」の中で行為される。一切の制限を受けない言語活動などというものは存在しない。俳句や短歌は字数や語数やリズムの制限の中で作られる。将棋は縦横九桝、計八十一桝の中で勝負を決するし、碁は縦横十九条の罫によって生まれた三百六十一の碁盤の目の中で勝負を決する。問答は問いに答える形をとりつつ進行する。入学試験も制限時間の中で行われる。「不自然であり、きゅうくつで不自由なもの」は、人間生活の万事に付き纏《まと》う宿命的な制約だと言える。また、それらの制約があればこそ、思考も、思索も、議論も深まり、高まり、楽しく、面白く、確かなものになっていくのである。

授業における「発問」に対して「狭さ・不自由さをおそれ避けるべきである。」との著者の主張には従えない。また、現実的に「問い」や「発問」を全廃した授業などは成立しないし、存在もしない。「問い」も「発問」も、授業における不可欠の必要条件だと言える。まず、間違いないだろう。

平成元年、千葉大学を会場に、日本教育技術学会の第二回大会が開かれた。その二日目に三名の「研究的模擬授業」があり、三名の寸評者による討論がなされた。寸評者の一人であった都留文科大学の大西忠治教授が、ある授業者について「発問主義で進めている。発問に頼らない学習者中心の授業でなくてはいけない」という発言をした。寸評者の一人であった私は「発問主義ではない授業をぜひ見たい。私の発言時間を先生に差し上げるから、ここでやって見せてくれ」と頼んだ。司会者もこれを強く支持した。

すると彼は、「いきなりそう言われてもできない」と言ったので、「それなら私が発問中心の模擬授業を七分間するから批判をして欲しい」と言った。会場が沸いた。ぴったり七分間で発問中心の研究的模擬授業を私が展開し、大西教授に批判を求めた。これに対し大西教授は「あれはあれでよい。立派なもんだ」とだけ言ったので拍子抜けしたが、この一件が尾を引くこととなった。
次年度の第三回大会は新潟大学で、何と大西教授と当時小学校の教頭だった私とが「発問中心の可否」をテーマに「研究的模擬授業対決」をすることになった。私は、授業に発問は不可欠という持論の下に、石川啄木の「ふるさとの訛懐かし」の短歌で鑑賞授業を展開し、大西教授も同教材での展開をした。が、氏の授業もまた発問を主としたやりとりで終始した。「発問が、授業にとって不可欠」という事実と考え方は、かくて自然の成り行きの中で実証された形となったのである。（後注参照）
著者は、「発問による授業」は（中略、前出）「避けるべきである。」に続けて次のように述べている。

> 「読めばいいのだ。」と垣内松三（『国語の力』）は言う。自力で多量に、あるいはくり返し読むのだ。（52頁）

「自力で多量に、あるいはくり返し読む」ような問題意識や、学習意欲や、さらにそれに挑める学力を持っているような者ならば、「読めばいいのだ。」と突き放してもよいのであろう。そのような考え方は、これまでのまとめともなりそうな次の段落によって締めくくられている。

> 誤読や読み落しも有るだろう。ほっておく。たくさん読めば、そのうち読めるようになる。わかってくる。大事なのは、自力で読むことだ。
> （52頁）

ここに述べられている「ほっておく」かれる人というのは、恐らく、一昔も、二昔も前の一握りのエリート学生を指していると私は想像している。そういう人は、それでいいのだ。現に著者は、次のように回想している。

> 私自身、読み書きの能力は、学校の外で、自分で伸ばした。
> （50頁）

野口に言わせれば、著者のような人は、別世界、別格の超エリートとしてしか映らない。教諭として私達が毎日関わっている子供らの実像とはさらに大きな隔たりがある。そういう子供らの現実の読みとりの中には、沢山の「誤読や読み落しも有る」のである。それらを「ほっておく」訳にはいかない。もし、それでよいのなら、教育は何とも気楽な仕事になってしまう。

「読めばいいのだ」という垣内教授の、本来は重厚な言葉も、小、中学校現場の教員世界では皮相かつ軽薄な「活動主義」の擁護理論としてもてはやされかねない。「大事なことは自力で読むことだ。」という著者の主張自体が誤っている訳ではないが、それが通用する対象や相手は、ごく少数なのだ。これが残念ながら教育現場の現実である。

著者は、「私は英文の『タイム』誌を毎週読む。(週刊誌である。) 約六十年前の留学生時代からである。」(52頁) とも書いている。「ほっておく」いてよいのは、著者のような人には当てはまる。そういう人には「不自然であり、きゅうくつで不自由な」発問などは「避けるべきである」のかもしれない。くどいようだが、小、中学校の現場の授業論としては通用しない。理想論、机上の観念的空論としてしか映らない。「発問中心の授業」を否定した大西忠治教授の模擬授業が「発問」に終始した事実、現実は当然のことだ。また、著者自身も「今まで、授業をしているあちこちの大学・専門学校で、学生たちにたずねてきた。『中学校三年間で、作文を三回以上、課せられて書いたことが……』」と「発問」をしているではないか。観念的な理屈では、発問に頼る授業はよくないということになるのかもしれないが、体験的実感論としてはにわかにそれを受け入れる訳にはいかない。なお、発問に関わる私の論考は、次回にもう少し継続したいと考えている。

このような、実践者としての考え方について御高教願えれば幸いである。

注　両大会の記録は『教育技術研究』No.1、No.2（明治図書刊）に詳しい。

第4章

自己教育

宇佐美寛

野口芳宏先生

御高論から多くを学ばせていただきました。まことにありがとうございます。

対立・相違・すれ違いのようなものが現れてきたようです。（まさに解釈によって、どう見なすかは変わってきますが。）読者の思考のためには、刺激的で、まことにけっこうです。

この逆に、両著者が賛同しあってばかりいる「シャンシャン」対談になったとしたら、そんな「あほらしい」本は、あきれられて、読まれないでしょう。

以下は、常体・論文調の言葉で書かせていただきます。

I

ある文章（教材文）の読み書きの指導は、発問から始まるべきなのだろうか。

違う。学習者（児童・生徒・学生）は、予習をしてくるべきものである。野口氏は、この予習段階をどう指導しているのだろうか。

どんな予習をし、どんな思考状態にある学習者であるのか。平たく言えば、どんな「頭」の学習者が教室に入ってくるのか。発問者は、これを考慮しなければならない。発問は、学習者のためにするものである。

だから、予習指導とのセットで（組み合わせで）発問論を読ませていただきたかった。発問は、相手の「頭」の状態によって変えられるべきものである。

形式論理風に書く。発問とは、問うことである。問われる者が要る。だれが（どんな学習者が）問われるのかが不明で、問いが成り立つか。

右の論理を、千葉大学教育学部での私の授業を例にして明らかにする。過去の例である。（残念なことに、間もなく八十五歳という老人には、もう授業の場が無い。）

独善的な読みにくい書き癖の字を、子どもに教えるさいの字に書き改め、次回に提出せよ。
（上手下手とは関係がない。子どもに読ませる、癖のない読みやすい字で。）

敬体・常体の混乱
誤字・脱字・あて字
不適切な語句・記号
悪文
引用
題
構想・主題
所属・番号・氏名・回数

を正し、次回に提出せよ。

「道徳教育」という科目である。教科書は拙著『道徳授業に何が出来るか』（明治図書、一九八九年）である。

三、四十ページずつに分けて、六セクションを指定した。約二百名は、毎週、そのセクションを読み、原稿用紙一枚のレポートを提出するのである。

第一回のレポートは全員、書き直しを指示して返す。

上のような横約九センチ、縦約十八センチの紙片（私は自分では「批正スリップ」と呼んでいる）をホッチキスでとめ該当項目に○を書いて返すのである。

パスするまで書き直しをさせる。だから、学生によっては、一回目、二回目、三回目……と三枚、あるいはそれ以上をその週のうちに書くことになる。教師である私も、毎週、数百枚のレポートを読む。

（読者は気がついただろうか。）ここまでが、教室での授業のための**予習**なのである。

この予習の過程での指導内容は、その回によって異なる。進化する。「わからないことを書けばいい。」「原稿用紙に書き写すと緻密に読める。」（いわゆる「視写読み」である。）「最短のセンテンスに分解して読め。」

教室での授業では、全員のレポートを返却する。また、学生の思考を刺激するようなレポートを四種コピーして配る。これで、全ての学生が自分の学習に関わっている授業だと感じる。

私の発問は、ここで働く。学生が予習し、自力で文章を検討しかかっているのだから、それを助ける発問は例えば次のように多様である。とぼけて「脱線」したことを聞く。あえて間違ったことを言って、それに気づかせる。なるべく批判的なことを発言するように指示する。望ましい短いセンテンスに書き直させる。

私の授業について詳しくは、次の拙著を読んでいただきたい。『大学の授業』（東信堂、

一九九九年）

そのさい、次のことを考えながら読んでいただきたい。

野口氏の発問は、学習者が自力で文章を読み書きするのを助けようとしているか。氏の考えた発問の妥当性を疑い、別の問いを考える力を育てようとしているか。

学習者論（「学習者の自立的学習」論）を欠く野口氏の発問論は、氏の目で教材文の方向を見ているだけである。これでは、授業研究にはならない。教材文研究の一部分にすぎない。（真の発問の予備段階の一部分に過ぎないとも言える。）

今、手元にある『教師の覚悟』（さくら社、二〇一五年）によると、野口氏は「授業名人」と称されているようである。（もちろん自称ではないと信ずる。）「授業名人」ほどの先生ならば、私が読めなかった文章で、右記の限界を克服しているのかもしれない。

しかし、「授業名人」ではない凡百の教師はどうか。凡百の教師が教材文の方向だけを見て自分の教材文解釈だけで発問する。――自力での予習を助けることはしていない。予習欠如・準備欠如の状態の学習者に対し、最初の時間から教師の頭で作った発問に答えさせるというのは、フェア・プレイではない。（じゃんけんの後出しのようなものである。）

しかし、世のたいていの国語教師はこの発問独走・先行の授業をしているようである。

また、自力で予習するための指導は、していないようである。

提出させるレポートの第一回は、ひどい出来である。（つまり、私の指導は全然行われていない回である。）

例えば、次のような文（センテンス）が少なからず有る。

まず、「手品師」を読んで「ねらい」を読まずに思ったことは、手品師はえらいと思いました。

子どもの信頼感というものをなくさないためにも、手品師は偉かったと思います。

「手品師」の中でも、たしかに、子どもとの約束を守ることは道徳的に正しいが、私の意見は、友人の大劇場の出演を優先するべきだと思う。

右の三例は、拙著『議論を逃げるな――教育とは日本語――』（さくら社、二〇一七年）56―57頁からの引用である。他の悪文の例は、例えば拙著『私の作文教育』（さくら社、二〇一四年）六ページにも記録した。見ていただきたい。

凡百の教師は、予習の指導などしていない。当然、一文（1センテンス）の作り方を教えていない。だから、大学生になっても右のような文しか書けないのである。

これ以上短くすることは出来ない、最短の文(センテンス)を考えよ。次のような文である。

○○は××である。
○○は××する。

これ以上分けられないので、原子命題(atomic proposition)あるいは要素命題(elementary proposition)という術語が出来た。それにならって言えば、「原子文」となる。これに対する複合的な文は、分子文（molecular sentence）である。

前記の悪文例の最後のもの（悪質な分子文）は、次のとおりであった。再記する。

「手品師」の中でも、たしかに、子どもとの約束を守ることは道徳的に正しいが、私の意見は、友人の大劇場の出演を優先させるべきだったと思う。

この悪文を複数の原子文に分解させる。分解した形で書かせる。また、この一文を読ませる時、頭の中で複数の原子文に分解しながら読むように指導する。例えば、次のように読むのである。

「手品師」という資料が有る。その中に手品師が出てくる。この手品師が子どもとの約束を守る。これは道徳的に正しい行為である。しかし、その行為をするのではなく、友人が勧めてくれた大劇場への出演の方を優先すべきだった。これが私の意見である。

「しかし、」で始まる一文（センテンス）は、まだ原子文ではない。分子文である。しかし、この分子文を分解すると、時間的には先だつ友人の勧めの原子文を設定し、この段落内の構造を変えねばならない。

しかし、そういうわずらわしいことをする必要は無い。ここまで分解して読めば、この「私の意見」が支離滅裂であること、整合的な主張にはなっていないことは、すぐわかる。

こういう予習によって、逆に自分自身の文体が出来る。対象である文章の評価をするから、評価者としての自分の文章のあり方を自覚する。自らを教育する〈自己教育〉を行なっているのである。

教師の側から強力な指導が行なわれる場合でも、その指導を受ける学習者は、その指導を自分なりに解釈すべきものである。その指導をどう意味づけるか。自分の意図・志にとって、その指導は、どういう意味が有るのか。——そのように考え、解釈すべきものである。教師の指導は、学習者自身の自己指導の層を通って機能する。この逆に、道理はわからないが、強制・強要されるから従うという事態は、「教育」の名に値しない。調教である。

〈文体〉の問題に戻る。

若い頃から比較的、森鷗外を愛読してきた。文体がさわやかで快い。力強い。

その本質は、一文（センテンス）の作り方にあるのではないだろうか。ぼんやりそう考えてきた。
ちょうど『丸谷才一対談集・言葉あるいは日本語』（構想社、一九七七年）という本を読む機会があった。その本の丸谷氏と大野晋氏との対談の部分に右の私の問題意識に関わっている発言があり、考えさせられた。引用する。

大野　最近、鷗外、漱石、潤一郎、そういう人たちの文章をとって、助詞の「は」と「が」の使い方を調べているんです。それで実は驚いたことがありましてね。鷗外は『高瀬舟』とか『山椒大夫』とか普通によく読まれている作品をとって調べてみたのですが、鷗外の文章の強いことね。そして私は「が」という助詞の使い方を軸にしていろいろ見ているのですが、鷗外の文章の中で「が」を使った文を他と比較すると、「が」の下にくる一つ一つの動作が、まるで能役者が舞台のまん中にグッと出てきて振舞うでしょう、あれと同じような感じで、鷗外のワンセンテンスずつがそういうふうにきまってくるんですね。ちょっと驚いたですね。

〔同書、１０２―１０３頁〕

大野　森鷗外という作者はぼくにとっては読みにくい、あんまり好きじゃない作家に属する面があるんです。なにか知らないけれどもいやなところがあるんですね。鷗外には、森一族の立身出世主義がちゃんとしみついているところがある。それは鷗外がドイツにいても日本から家族が手紙で日本の官界の様子を全部鷗外に向かって知らせていたという話からもうかがわれますが、そういうあの人の官僚的な神経が作品のどこにもある。それがぼくにはピンピン感じられるんで、いやなところがあるんですよ。だから鷗外という作者はなんとなく馴染めないでいたけれども、こんど文章を見直して驚いたですね。

丸谷　大変な名文家ですよね。二葉亭四迷とか、武者小路実篤とか、そういう人が口語体をつくったと言われていますが、しかし、口語体の完成者、あるいは非常に重大な訂正者は鷗外だったと思います。鷗外がはいったからこそ、いまの口語体はせめてこの程度にいっているんですよね。あれで鷗外がはいらなかったらもっとずっとだらしのない言葉になっていたんじゃないでしょうか、われわれの日本語は。

〔同書、103―104頁〕

Ⅱ

私の原体験を書く。この本の担当部分を考える基礎である実感が働いている体験である。次の二項に分けて書く。①太平洋戦争末期の昭和十九年から敗戦後の昭和二十二年頃までの三、四年間、学校教育の機能はゼロに近づいていた。私は学校で教わったことがきわめて少なかった。②それにもかかわらず（あるいは、それゆえに）私は熱心に目的意識を持って自力で読み書きを学んだ。学んだ効果は、学校の効果をはるかに上まわる。

① 昭和十九年の八月から敗戦までの一年間、私は農村の寺に集団疎開していた。机すら無く、授業はほとんどされなかった。農作業の（農家の）手伝い、松根油作り（飛行機の燃料になると教わった。）、桑の皮むき（軍服の材料だとのこと）、薪とり……かなり働いた。ひまがあると、冒険小説、軍事小説等の本、そして『少年倶楽部』等の古雑誌をまわし読みしていた。

九月になって、故郷の横須賀に帰ってきた。しかし、小学校は十一月近くまで開かれなかった。何よりも、教師がまだ戦地から復員していなかったのだろう。（私は、初めて「学校に行きたい。」という気持ちになった。）

教科書も無かった。いわゆる「墨ぬり教科書」の作業ばかりであった。「六三制、野球ばかりがうまくなり」という川柳があった。

教師（その多くは「代用教員」の女性）も、何を教えたらいいのかわからなかっただろう。

横須賀のような都市部での食糧難も大変だった。箸が立たないような水っぽいぞうすいでは学校に持って行けない。もちろん、学校給食など無い。だから、小学校は二部授業で、半日だけ行った。運動会も遠足も夢である。

校舎の窓ガラスは切られ盗まれた。ベニヤ板が貼ってあった。（電車の窓ガラスも同様の状態だった。）下駄箱に運動靴を入れておくと、すぐ盗まれた。教室まで持っていき、手元に置いておく。

あの町の急ごしらえの「新制中学校」には、いわゆる三単現のSもわからず、He goes to school everyday. でesが有るのは、毎日行くから複数なのだと教えた英語教師がいたそうである。

横須賀という町の雰囲気も悪かった。基地の町である。多数の進駐軍の兵士、それに伴ってつきまとい群がる「パンパンガール」と称されていた女性たち。私は（もちろん、おそらく、おとなも）夜、外出したくなかった。

もっと書く材料は有るのだが、割愛して、これくらいにしておく。きりがない。ページ数の都合もあるだろう。

その頃、野口氏が住んでいた房総半島の農村では、学校がおちついて機能していたのだろうか。授業は十分な時間数、行なわれていたのだろうか。

こういう原体験が異なると、当然、そのままでは理論はかみ合わない。

右の「……野球ばかりがうまくなり」という川柳でもわかる。全国的に、この世代の児童生徒の学力がひどく低下していることは、世論全体が認めていた。

ところが、あの頃から四、五十年もたつと、そんな問題は見えなくなった。忘れられてしまった。

今の時点でふり返って考える。あの低学力がこの国の営みに被害を与えたという事実は有ったのだろうか。（ちなみに、総理大臣で言えば、私と同世代は橋本龍太郎氏である。）

自力で学び追いついてしまったのだろう。

昭和二十五年、私は県立横須賀高校に入学した。上級生は旧制中学生だった連中である。戦時中は工場で働かせられ、授業はろくに受けられなかった人たちである。

時どき、米軍の将校が講演に来た。民主主義の理想を説くのである。ところが、それに対して（もちろん英語で）反論し論争する生徒が二、三人いた。この町での米兵の非行、原爆、レッド・パージ等を論じた。もちろんこの英語力は教師を超えていた。

数学でも、そういう生徒がいた。教師よりも出来るので、彼は時間中何をしていても（授業をサボるのも）自由だったそうである。

② 私自身について書く。私も右のような自己教育によって、学校での授業の貧困を埋め合わせ克服してしまったのだと思う。

昭和二十年—二二年（つまり、小学校五年生—中学校一年生）の頃、私はいわゆる昆虫少年だった。将来は昆虫学者になろうと思っていた。毎日のように（何しろ前記のように学校の授業が全然忙しくなかったので）近所の野山で採集した。自宅では何かの種（多くの期間はアオオサ）を飼育していた。当然、ファーブル『昆虫記』を愛読した。岩波文庫で全十巻である。ファーブルに刺激され、擬死（通俗的に言えば、死にまね）の実験をある種のゴミムシ(甲虫の一種)を対象として行なった。中学一年の五月頃、実験結果を原稿に書き、『虫・自然』誌に投稿し、採用された。(生まれてはじめて原稿料をもらった。)

この読み書きの経験による学習は、小学六年の授業よりはるかに内容豊富であった。授業での教師の発問など幼稚に感じられた。

次の一年間、つまり中学一年の時、私が関心を持って熱心に読んだ本の中には、次のものがある。マルティン・ルター『基督者の自由』、本田喜代治『フランス革命史』、赤岩栄『キリスト教と共産主義』、長塚節『土』。やはり、国語の発問は幼稚で、あほらしかった。


人は、自分自身のまじめな思い(志・目的・関心・意図)に衝き動かされて自ら学ぶべきである。自分でも思いがけないほど高度な内容でも学び得る。この自己教育こそが教育の本質である。学校はこの自己教育を助けるのである。いわば、学校は自己教育に収斂(収束)すべきである。

そして、自己教育をしない教師に他人を教育する資格は無い。

この大前提を欠くような教育思想を私は軽蔑する。

千葉大学教育学部での授業では、私は次のような課題図書を読ませていた。

「道徳教育の研究」課題図書（60年度）

			文庫名	図書館の部数
1	城山　三郎	『辛　酸』	（角川）	2
2	渡辺　淳一	『花埋み』	（角川）	20
3	山中　　恒	『ぼくがぼくであること』	（角川）	2
4	高木　俊郎	『知　覧』	（角川）	3
5	有吉佐和子	『非　色』	（角川）	20
6	遠藤　周作	『海と毒薬』	（角川）	2
7	丸谷　才一	『笹まくら』	（新潮）	4
8	新田　次郎	『富士山頂』	（文春）	
9	新田　次郎	『聖職の碑』	（講談社）	

10　井上　靖　『夏草冬濤』（新潮）20

11　新田　次郎　『芙蓉の人』（文春）2

12　『きけ、わだつみの声』（岩波）20

13　会田　雄次　『アーロン収容所』（中央公論）3

14　井上ひさし　『ブラウン監獄の四季』（講談社）2

15　小林多喜二　『蟹工船』（各種あり）

16　岸本　裕史　『見える学力、見えない学力』（国民）3

17　石川　達三　『人間の壁』上・中・下（新潮）20

18　三好　京三　『子育てごっこ』（？）

19　灰谷健次郎　『兎の眼』（新潮）

20　松山　幸雄　『「勉縮」のすすめ』（朝日）

21　本多　勝一　『中国の旅』（朝日）

22　石川　達三　『生きている兵隊・武漢作戦』（新潮）

23　有吉佐和子　『恍惚の人』（？）

24　小松　左京　『やぶれかぶれ青春記』（旺文社）

〔拙著『大学の授業』〔東信堂、一九九九年〕116―117頁〕

ある（受験的には難関校である）有名私立大学の講師をしていた。右の課題図書を示したところ、「全部読むのですか！」とため息、そして「受講者」は激減した。

学生には、「これを含めてもいいが、とにかく一年に少なくとも百冊読みなさい。わずか百冊も読まないような者は学生扱いする気がしない。」と言う。一年に百冊は、三日に一冊弱だから多くてたいへんなような気がするかもしれない。しかし、読みなれると速く読めるようになる。たいした冊数ではない。

学生に冊子を渡し黙読するように指示する。読みなれているかどうかはページをいつめくるかでわかる。読みなれていない学生はなかなかめくらない。

約四十年前、米国で大学院の授業を受けていた。アサインメントと称する宿題の量は、この「課題図書」どころではなかった。指定された本・論文を読んでくるのである。私の英語での読書力は弱かったから苦労した。夜まで図書館にいた。米国人の友人は "How studious you are!" などと感心していたが、読書力が弱かっただけのことである。

〔拙著『大学の授業』117—118頁〕

Ⅲ

野口氏は、私の英文誌『タイム』の読み方について関心を持ってくださったようである。また、「読めばいいのだ」「書けばいいのだ」にも関心を持ってくださった。私の側の筆足らず（頭足らず）で、食い違いが生じているのかもしれない。補わせていただく。

初心者が自力で英文が読めるようになるためには、基本的な英文法を教わらねばならない。この段階では、一方的に教えられた文法規則を理解・受容すればいい。しかし、そこから先は、大量に読まねばならない。そうしないと、意味を発見する勘が育たない。

私はもう英文法はわかっている。だから、大量に読むべき段階の頭である。「大量」のためには、粘り・しつこさが要る。老眼になる前は、『タイム』を風呂の中で読んでいた。(眼鏡のレンズは湯気で曇る。) 今は、電車内で読む用意のために数ページ破りとってポケットに入れている。私はもう読めばいいのだ。

このように「浴びるほど読むべし」というのは、英語教育界の常識だろう。そうしないで、まるで古代文字の解読のような遅さで少量しか読まないから、力がつかないのである。

水泳の型だけ習っても実際にたくさん泳がねば水泳力はつかない。まさに「たたみの上の水練」になる。

大学一年の時、館山の寮で水泳の実習を受けた。「〽目指すは三里、沖の島」という伝統の寮歌のとおり、大分泳がされた。

しかし、他方、指導教授は「この土地の子は、海に親しんで泳ぐけれども、基本の型を教わっていないから上達しない。」と言っていた。やはり、この二段階を区別すべきなのである。(このような英語学習論に関しては、次の本が参考になる。斎藤兆史『英語達人列伝』中公新書。ただし、もちろん私は達人ではない。達人を大将だとすると、私は二等兵である。口も聞けない差である。)

垣内松三氏の「読めばいいのだ」の意味――授業の要・不要を論じたものではない。『国語の力』を読めばよい。読めば真意がわかる。発問の言葉が教材文の言葉とはかけ離れ浮き上り、学習者の思考はかえって教材文から離れてしまうという事態をいましめているのである。発問に対する答えを考える思考と教材文を読む思考との分裂に対する批判である。

暗闇とは何かを知ろうとして灯火で調べる矛盾や、雪片を掌に置いて調べると溶けて水になってしまうという失態を挙げているのでもわかる。(この発想は、ベルクソンやジェイムスの「生の哲学」の影響らしい。生の躍動は、外部からの機械による異質な働きかけでは死んでしまうのである。)

発問ばかりの研究授業を見ていると、私でも「まず、ここは視写読みで、この四つのセンテンスを覚えさせた方がいい。それに基づいて学習者の方から疑問を出させた方がいい。」などと思うことがある。

Ⅳ

拙著『国語教育を救え』（さくら社）を私は怒りながら書いた。私の怒りが正当なものであるか、それとも「的外れ」であるか、野口先生の御高見を拝読させていただきたい。

例えば、次のような問題を先生はどうお考えになるか。

一、前記のように、私は学生に「一年に百冊読まない者は学生扱いする気がしない。」という趣旨を言った。小・中・高の教師は学生より忙しいだろう。だから、その半分の五十冊でいい。そう思って、個々の教師にたずねてみる。二十冊も読んでいない。（特に漱石や鷗外のような古典は全然読んだことが無い。）

二、児童・生徒は、スマホばかり見ている。ますます読書離れである。

三、スマホ・ゲームに熱中して「……症」と呼ばれるほどにスマホに支配されている。国語の学習だけではなく、生活全体が乱れている。

四、コンピュータ関連の学習が小学校段階から入る。これは国語科が引き受けるべきものか。国語教育との関係は？

五、英語の学習も小学校に入ってくる。国語教育との関係は？

一方、この本の紙幅も限られている。やたらに厚くはできない。〈発問〉の問題で両著者の原稿がほとんど終わってしまうと、読者は「これは、いったい何の本だったのか。」といぶかしがるだろう。もう、御高論の範囲を拡げていただきたい。

第5章

私の学習者論、教材論

野口芳宏

宇佐美寛先生

御研究にお忙しい中を、拙稿、管見を御清覧下され、まことに有難うございます。恐縮、かつ光栄の至りと感謝申し上げます。とりわけ、「対立・相違・すれ違いのようなものが現れ」「読者の思考のためには、刺激的で、まことにけっこうです。」とのお言葉に勇気を戴き、力を戴きました。今回もまた同様に、拙論を率直に書かせて戴くことと致します。御指導の程、どうぞ宜しくお願い申し上げます。

1．宇佐美氏からの問いに答える

① 「予習段階」をどう指導しているか

前回の私稿に対して、宇佐美氏は次のように問うている。

> ある文章（教材文）の読み書きの指導は、発問から始まるべきなのだろうか。違う。学習者（児童・生徒・学生）は、予習をしてくるべきものである。野口氏は、この予習段階をどう指導しているのだろうか。
> どんな予習をし、どんな思考状態にある学習者であるのか。平たく言えば、どんな「頭」の学習者が教室に入ってくるのか。発問者は、これを考慮しなければならない。発問は、学習者のためにするものである。
> だから、予習指導とのセットで（組み合わせで）発問論を読ませていただきたかった。
> （50頁　Ⅰの冒頭）

「発問は、学習者のためにするものである。」という考えは私も同じである。授業者や参観者のためにするものではない。問題は「学習者」の内実である。学習者が「(児童・生徒・学生)」という認識にも異論はない。だが、その三者は、同質、同等ではない。「子供」と言った場合は普通、「学生」は含まれていない。氏が「学習者」について論ずる場合の対象は「学生」を想定し、私は「子供」を想定している。そこに、「すれ違い」が生じそうである。

宇佐美氏は、「学習者（児童・生徒・学生）は、予習をしてくるべきものである。」と述べている。「子供は別だ、その必要はない」とは言わないまでも、「予習をしてくるべきものである。」とまでは私には言い切れない。そうであることは理想ではあろうけれど、現実にそれを期待し、前提とすることは、無理である。そうでなくてさえ、不登校の子供が十三万人超も存在する現実がある。だからと言ってその現実に迎合し、甘やかすつもりは毛頭ないが、全ての子供に「予習」を期待することは到底無理だと考えている。小学校では、九教科の科目があり、それらの全てに予習をさせることなど全く期待できない。

率直に言えば、格別の予習などしないで学校に来るのが小、中学生の常であり、それでよいのだと、私は考えている。そういう現実認識を前提としてでも、学校で授業を受けることによって、新しい知識や情報を身につけたり、考える面白さ、論じ合いの楽しさを味わったりする体験を保障すべきである。

私は「宿題」を課すことはずっと続けてきた。それも、教えたことの練習やドリルが主であって、「復習」がその内容である。その狙いは「学力形成」というよりは、家庭でもある時間は勉強するという習慣をつけることに狙いを置いていた。計画的に出すことにしていたので「忘れた」という言い訳は許さなかったし、ほとんどなかった。

大学生の、一コマ九十分授業による教育課程は、その前提として、授業の前に九十分の予習をし、授業の後で九十分の復習をするという学生の自主的学習を想定して成立しているという話を聞いたことがある。だから、大学の授業時数は、小、中、高のようにびっしりと詰まってはいないのだ、とも聞いた。「学生」への期待と、「児童・生徒」への期待は、同じ学習者であってもそのような違いがあると言えよう。

問いの「予習段階をどう指導しているのだろうか。」に対する端的な私の答えは「予習を歓迎はするが、特別の指導によってそれを促してはいない」ということになる。それでよいとも考えている。

なお、宇佐美氏が『大学の授業』で紹介している「予習」は、著者の著書の内容について以下のような作業をさせることである。「毎週、そのセクションを読み、原稿用紙一枚のレポートを提出するのである。」「第一回のレポートは全員、書き直しを指示して返す。」

「批正スリップ」に著者の評価を記して全員に返し、「パスするまで書き直しをさせる。」
――「ここまでが、教室での授業のための**予習**なのである。」（52頁参照）と書かれている。
これは、いわゆる「予習」なのだろうか。書籍を指定し、それについての読後レポートを書かせ、著者による評価を与え、それに応えるべく再提出を求めるという一連のこれは、教室の授業の延長であり、課題に応える作業であり、宿題である。
「予習」については辞書には次のように書かれている。
「次に学ぶところを前もって学習すること」（『広辞苑』）
「まだ習っていないところを前もって学習すること」（『明鏡』）
宇佐美氏の「予習」なるものは、すでに本学習の一部であり、授業の一部分なのではないか。次の「授業への準備」を全て予習と考えるなら、それもそうかとも思えはするが、一般的に言われる「予習」とは少し違うのではないかという思いが拭えない。

② 自己教育と発問

次に、「野口氏の発問は、学習者が自力で文章を読み書きするのを助けようとしているか。」「氏の考えた発問の妥当性を疑い、別の問いを考える力を育てようとしているか。」

（53頁）というのが第二の問いである。

私の発問は、子供の「自力で文章を読み書きするのを助けよう」としてなされている。ただし、「自力で文章を」――より豊かに、より望ましく「読み書きするのを助けよう」としているのだ。子供の「自力」での読み書きが、すでに完全で、望ましいものであるならば、「授業」はいらない。その読み書きには、指導者から見て、多少なりとも様々な「不備、不足、不十分」が散見される。「発問」によってそれらに気づかせ、正し、以降の自力による読み書きの質を高めようと意図した働きかけが「発問」なのである。

その発問が、果たして完璧なものであるか、と問われれば、否としか答えられない。ただし、思いつきやでまかせかと問われれば断固、重ねて「否」と答える。できる限りの吟味、検討をして、「これならば」というところで問うのである。また、教師にはそれ以上のことはできない。「じゃんけんの後出しのようなもの」で「フェア・プレイではない。」とも言えないことはない。だが、「子供の精いっぱいの読み」に対して、教師もまた「精いっぱいの読み」をして、子供の読みの「不備、不足、不十分」を見つけ、どう問うべきかを十分に考え、吟味した上で子供に働きかけていく。これが「発問」のあり方である。

③　学習者論（自立的学習）を欠く発問論か

また、53頁の5行めに次のようにある。若干の疑問を述べたい。

> 学習者論（「学習者の自立的学習」論）を欠く野口氏の発問論は、氏の目で教材文の方向を見ているだけである。これでは、授業研究にはならない。教材文研究の一部分にすぎない。（真の発問の予備段階の一部分に過ぎないとも言える。）

「学習者の自立的学習」は、子供の読みとりに反映されている。発問は、子供の読みとりの内実を外から見えるようにするための働きかけである。子供の読みの内実は「潜在的」であるから、本人以外の者には分からない。その意味で、子供の読みとりは多様に存在するし、そのレベルは玉石混淆である。この「潜在差異」を「顕在化」するために「発問」が必要になるのである。

発問によって、子供の読みとりの広狭、深浅、豊貧、適否、正誤が見えてくる。見えてきた差異や対立をめぐって当否、適否を話し合い、検討や吟味をする。この時点で「子供の自立的学習」が成立する。「自分の考えの正当性の主張」は、「子供の自立的学習」そのものと言えよう。また、他者の読みとりの非を衝き合う討論は、まさに相互の「自立的学習の高め合い」と言えるであろう。そしてそれは、子供なりの「自己学習」を促していることになる。

以上の理由により、「学習者論を欠く野口氏の発問論」という宇佐美氏の認識は妥当とは言えまい。ただし、ここでいう「学習者」に大学生は入っていない。

④　自己教育論への共感とレベルの差

宇佐美氏の「原体験」を、ほぼ同世代の一人として共感を持って読んだ。私は、農山村で生まれ育ったので、基地の町横須賀のような不穏な世相、世情はなかったが、当時の教育の貧困はほぼ同様と言える。

その「低学力」については「自力で学び追いついていてしまったのだろう。」という氏の述懐に全く同感である。これを「自己教育」と言うならば、私も辛うじてその仲間入りができそうだが、その「克服」のレベルには「雲泥の差」を感じてしまう。新制中学の一年の折に、宇佐美氏は、ルターの『基督者の自由』、本田喜代治『フランス革命史』、赤岩栄『キリスト教と共産主義』、長塚節の『土』などを読み、「国語の発問は幼稚で、あほらしかった。」

と書いている。氏が中学一年生で読んだという本を、私は後期高齢になった今でも全く読んでいない。「原体験が異なると、当然、そのままでは理論はかみ合わない。」と、言われれば立つ瀬がない。「雲泥の差」にたじろぐばかりである。

そうであるにもかかわらず、64頁の「人は、自分自身のまじめな思い（志・目的・関心・意図）に衝き動かされて自ら学ぶべきである。」というところから、「この大前提を欠くような教育思想を私は軽蔑する。」というところまでの記述については、深浅の差は別としても全くそのとおりと強く共感した。

⑤　五つの問いへの回答

Ⅳの項の最後として71頁に五項目を挙げ、「どうお考えになるか。」という問いに簡単に答えておきたい。

一、は「教師の読書の貧困」の指摘である。私も残念に思う。しかし、それが現実である。「研究」という当面の「他者改善」には熱心に取り組むが、「修養」という「自己改善」、「教養という自己教育」に熱心な教員は本当に少ない。「教師は、持ち前の知識でその日その日を過ごすことのできる危険な職業です」と、大村はま氏は述べている由である。全く、そう思うし、この言葉の重みを改めてかみしめたい。
二、と三、は「スマホやゲームに憑かれ、本を読まない子供の現実」への問いである。世の中には、「築く文化」と「崩す文化」とがあり、後者の勢力は残念ながらいつでも前者よりも強いように思う。「悪貨は良貨を駆逐する」という諺《ことわざ》がその現実を衝いている。子供をめぐる文化のあり方は、敗戦後すっかり「商業主義」と「功利優先」に堕してしまった。本当に残念である。遠因としては米軍の占領政策も否定できまい。曾《かつ》ての誇り高い日本人の魂はすっかり影を潜めてしまった感がある。
四、は「コンピュータ関連の学習と国語教育の関係」を問うものだ。
コンピュータは情報機器の一つで、これからの社会に不可欠のものであり、国語科とは無縁という訳にはいかない。情報検索の技法や、作文、レポートの作成、プレゼン技法、その資料作成上の知識など、国語科との関係はますます増していくに違いない。私は、単純に「画面情報」と「紙面情報」とに大別し、また「電子活字」と「紙活字」をそれぞれに対応させている。前者は早用《はやよう》を足すには便利だが、じっくりと考えたり、読み返したりする熟慮には必ずしも適切とは言えない。

さる雑誌編集者が、「近頃の読者は三ページ以上の論考は読まない、というよりも読めなくなってしまった」と嘆いていたが、画面情報としての電子活字の量は、紙面情報としての紙活字の量には及ばない。そういう軽読書が日常化してくれば「腰を据えた読書や思索」は苦手になるだろう。マニュアルに基づくルーチン・ワーク的な頭の使い方が広まっていくかもしれない。すでに、多少はその傾向も散見されるやに思える。これは、国語教育にとっては決してよいことではない。コンピュータの普及がもたらすマイナス面に十分に留意しながら、コンピュータの望ましい活用を考えていかねばならないだろう。

五、は「小学校で英語学習が始まることと国語教育の関係」に関する問いである。端的に言えば「消極的賛成」である。「賛成」の理由は、子供には早期から英語に親しませた方がよいと思うからだ。ＡＬＴ（外国語指導助手）の導入によって、子供達は少なくとも西洋人と英語については親しみを増している。もっと系統的に教えられればさらにそのレベルは向上していけると思うからだ。

「消極的」というのは、「英語の前に国語教育の充実を！」という考え方に対して、残念ながら私は懐疑的であることによる。恐らくは、「英語の導入によって、子供の国語学力が低下した」という事態にはなるまいと私は想像している。別の言い方をすると、国語の授業は少し減らした方がいいということだ。減らしても実害がないほどに国語授業の現実は「学力形成」に無力だと私は考えている。「国語の学力をつけている」と思える授業には滅多に出合えない。そう考える理由を述べておこう。

ア、「活動あって指導なし」――読ませるが読み方を教えていない。書かせているが書き方を教えていない。話させているが話し方を教えてはいない。教えるべき言語技術も、言語的知識も教師自身が持ち合わせていない。だから「指導なし」なのだ。

イ、「なぞりと確認に終始している」――子供がすでに分かっていること、知っていること、できていることを確かめ、なぞっているだけだ。だから、子供の学力が開発されない。また、子供の考えや発言が教師によって否定されることがない。稀に否定があると、「教師の解の押しつけ」と排される。否定をすれば「子供が傷つく」とも言われる。「個々の子供の多様な見方を大切に」と指導されるので、子供の言いたい放題、出まかせの考えが全て尊重、賞讃される。それが「温かい授業」と評価される。算数に例えれば、いろいろな答が出ても全て〇がつけられている状態である。そういう無意味な授業が多い。学力の習得・形成に無力な授業が多い。

ウ、「授業時数を持て余している教師も少なくない」――「何を教えたらよいのか分からない」から、「あんなに時間数はいらない」という本音も聞く。それなら、英語を教えた方がよほどためになる、と言いたくもなってくるのだ。国語科の授業時数を減らし、「これは大変なことだ！」という危機感を醸成する必要がある。そのことによって、本当に国語学力を形成する授業法に目覚めていくならば、「英語の導入」が、結果的に国語学力を高めることにも貢献することになるだろう。――「消極的賛成」というのはそういうことである。

宇佐美寛先生。ここまでが、先生の御高論ならびに御下問に対する私の考えです。「取るに足らぬ」と切り捨てられるかもしれませんが、私としては精いっぱいというところです。率直な御批正、御教導の程をどうぞよろしくお願い致します。

先生の今回の御論考は「もう、御高論の範囲を拡げていただきたい。」という最終行の一文で結ばれています。元より「御高論」などではありませんが、御指示に従って「範囲を拡げ」ることと致します。

2. 教材「海の命」に関する御高論への疑問点

『国語教育を救え』の第7章の表題は「概念」である。「概念」に関する論考の教材には、「海の命」（光村図書刊『国語㊅創造』所収）を取り上げ、98頁から108頁まで、ざっと十頁に亘《わた》って著者の考えが述べられている。「海の命」は、教材としての現場評価は一般にかなり高く、採用以来すでに二十年余りの歴史があり、光村の定番教材の一つと言ってもよい位置にある。

その教材に対して、著者はざっと十頁に亘る論考の中で次のような評価、論考を述べている。

ア、「無理な理屈をつけて通用させることが可能な、たるんだ教材なのである。」（101頁）

イ、「（前略）何となくわかったような気分にさせるだけの「海の命」は劣悪な教材文である。」（103頁）

ウ、「だから、この「海の命」を教科書の教材文として採用した者の責任が問われねばならないのである。教科書に載る教材文としては、劣悪である。」（103頁）

エ、「教科書に出ているクエの絵は、でたらめである。」（105頁）

オ、「教材文のクエについての記述も、でたらめである。事実からかけ離れている。」

（１０５頁）

カ、「要するに、とった魚を売る市場が全然描かれていない、でたらめな文章である。」

（１０６頁）

キ、「まじめに相手にするべき教材ではない。」（１０８頁）

著者は、同書の「あとがき」では次のように書いている。

> 私の著書（本書を入れて）四十五冊は、全て怒って書いたものである。教育学研究者たちが逃避的であり、日本の教育現実の諸問題にとり組もうとしていない（いや、直視しようともしていない）から、怒っているのである。彼らの代りに、教育学研究者がするべき仕事の見本を示そうと思って書いた。自分を信じて書いた。
> （１３７頁）

また、「序」の冒頭には次のようにある。

> この本は、それに先立って刊行された左の著書三冊と同志の関係にある憂国の志士

のようなものである。国語教育の現状を憂い、危機感を持つ。（3頁）

学者魂、研究者魂とも言うべき気迫に圧倒されそうである。右の引用中の「教育学研究者」は、そのまま「学校現場の実践者」と読み替えてもよいのではないかと、反省、自戒しつつ拝読している。

あとがきの「怒って書いた」の言葉に違わず、教材批判の舌鋒は鋭く、容赦のない否定的断定が連なる。だが、さて、「怒って書いた」に至るまでの経緯、吟味については、いささか得心のいかないところもある。次に拙論を延べ、御教導を賜りたい。また、読者諸賢の考えも聞かせてもらいたい。以下、ほぼ、著者の論述の順序に従って考えを述べたい。

① 「海中に住めるはずがない」？

教材本文の「父親たちが住んでいた海に、太一もまた住んでいた。」を取り上げて著者は次のように書いている。

「――海中に住めるはずがない。海辺、つまり海岸に住んでいたのだ。」

本文には「住んでいた海に、太一もまた住んでいた。」とある。「住んでいた海中に」とは書いてない。著者は「海」を「海中」と言い替えているが、これは「擦り替え」であってフェアではない。「住んでいた海」とする言い方は格別不自然ではない。「田舎住まい」「山住まい」などという言い方同様、「海」は、広義の概念で用いられているので読者もそれを了解して読むのである。

「海」は「海中」ではない。それと同様、「海岸」でもない。家も、道路もみんな含めて「海」と言っているのだ。「海の男の艦隊勤務、月月火水木金金」という軍歌があった。「山男よく聞けよ、娘さんには惚れるなよ」という歌詞もあった。いずれも海や山が「広義の概念」として普通に受け入れられているものである。

② 「海に帰りましたか。」

太一を一人前の漁師に育て上げてくれた与吉じいさの死を知った太一が、両手を合わせて与吉じいさに呟いた言葉の冒頭が「海に帰りましたか。」である。

この表現について著者は次のように論じている。

「与吉じいさは、自分の家の中で死んだ。（中略）家は海岸にあるのだから、当然『海で死んだ』ことになる。ところが、この場合は違うらしい。与吉じいさは『海に帰っていった』

のだ。つまり、海とは、この家ではなく、海水が有って魚類がいる所らしい。」

この第一文に異論はない。その通りだ。だが、次の「家は海岸にあるのだから」というフレーズは誤りである。海岸にあるのは、仮設の「海の家」ぐらいのものだ。家は、海岸からかなり離れた、暮らすのに都合のいい集落の中にあるはずだ。大体、海岸は、砂地か磯であり、まともな家など建てられない。「住んでいた海」と言うのであれば「海で死なねばならない」ことになるというのは杓子定規な論理の遊びであって、まともな考え方ではない。「海に帰りましたか。」という太一の呟きは、「海水が有って魚類がいる所」などと認識しているのではない。「海で生き、海に生きた与吉の御霊は、さぞかしあの大好きな海に赴いているであろう」というような思いを「海に帰りましたか。」と言っているのだ。

著者は、「このような思い入れ、思い込み、信仰で事はすむのである。」と書いているが、それらも「解釈」の一つのあり方としては肯定されなければなるまい。言葉は天秤にかけたり、物差しで測ったりして使うものではない。言葉を正確に用いることは大切だが、時と場合、状況によって「思い入れ、思い込み、信仰」を孕《はら》んで機能することもある。とりわけ文学作品の場合にはそのようなラチチュード（許容度）が大切になることもある。比喩という修辞法は言葉の多義性や許容度に依拠していると言ってもよいだろう。「俺は河原の枯れ芒《すすき》」などは絶妙な比喩である。

著者は、「海の命」を「たるんだ教材」、「劣悪な教材」と言うのだが、私には到底そうは思えない。むしろ「ひきしまった」「すぐれた教材」と見たい。

③　著者の三つの問い（102頁）に答える

まず、1．である。

> 1．「海」とは、どこのことか。「海岸」は「海」か。

この作品（教材）における「海」とは、「暮らしの舞台」としての「海」を意味する。魚のいる海、漁をする海であることは言うまでもないが、時に漁村、漁村的集落、時にはその住家までを含む。そういう広い「概念」ととらえるのが妥当な「読み」であろう。「海岸」は、この作品で言う「海」の一部である。だが、厳密には、「海岸」は「海岸」でしかない。

次は、2．である。問いは次の通りだ。

2．与吉じいさが海に帰ったのならば、なぜ太一はじいさの（死体の）「顔の前に両手を合わせ」たのか。じいさは海に帰ってしまったのに。

「海に帰った」のは与吉じいさの「霊魂」と解すべきだ。そもそも、死んだ与吉が「帰れる」訳がない。遺体は部屋の中にある。目前にある。遺体に合掌するのは世界人類に共通する敬虔な慣行である。霊魂は、しばらくはこの世に留まっているという「信仰」もある。このような「思い入れ」や「思い込み」をするのは人間として自然の情である。少なくとも「劣悪」とは言えまい。

第三は、次の問いである。

3．クエに報復するとしても、太一が殺すのを避けたクエは「おとう」を殺した犯人（犯魚）そのものなのか。

それは、客観的、合理的、科学的には不明である。しかし、太一には「そうに違いない」と思えたのであろう。客観的事実ではないが、主観的事実ではある。そして、読者は、「作品の中の事実」に即して読めばいいのである。大方の者がそのように読み進める。

チャーチルの「逸話」は「笑い話」（ジョーク）であろう。チャーチルは、「これは別のはえだ。」と言ったそうだが、それはいかにして証明でき得るか。証明不能である。これは、「一見、理に適ったように見える屁理屈」であり、「負け惜しみ」であり、そこがジョークたる所以《ゆえん》である。「さすが法治国家の首相」という賞讃もまた一つのジョークとしては痛快である。

これもジョークの一つだが、私は努めて「頼まれたら断らない」ことにしている。「頼む」のは他者である。それに従うのは「我」である。私は、「我の都合」よりも「他者の都合」を努めて優先する。

上記三つの問いに答えたのも、私のモットーに基づく表れである。「次の問いに答えてもらいたい」と、著者から求められたので答えたのである。

求められもしないのにあれこれ、つべこべ言うのは、自分本位のおせっかいだとも言えよう。それは利己行の一つである。「頼まれたことをする」のは利他行である。所詮一人立ちなどおぼつかない私にとっては、せめて人の役に立てさせてもらえれば有難い。だから「頼まれたら断らない」のである。

なお、これは、「私の」モットーであって、「教育学研究者たちが逃避的であ」ることに「怒って」、つまり義憤を感じて、頼まれてもいないのに敢然と挑戦の狼煙《のろし》を上げる著者の「志」に敬服こそすれ、それを批難する思いなど露ほどもない。念のため、書き添えておく。

④ 国語教育における「概念」と「意味」

「小・中学校生に国語教育が教えねばならないものは、〈概念〉（働きで言えば）〈概念作用〉である。」（102頁）――と著者は言う。概念も教えねばなるまいが、筆順も、敬語法も、漢字も、話し方も、作文も「教えねばならぬ」内容の中に入る。「教えねばならないものは」でなく、正しくは、「教えねばならないもの（の一つ）は〈概念〉云々」としなくてはなるまい。

著者は、この主張の下に、次のように書いている。

> つまり、語句は個々の場合を超え、総括して定まった一般的意味を持つという事実を教えねばならないのである。読み書きを通じて体得させねばならない。（「海」の意味は一定していなければならない。）
>
> （102―103頁）

「個々の場合を超え、総括して定まった一般的意味を持つ」『海』の意味は一定していなければならない。」とあるが、状況、場面、事態により、その「文脈」の中で特殊に解されるべき場合もある。概念は、本来的に許容度を孕《はら》んでいるがそれでは困ることもあるので、学術的、法律的にはまず「概念規定」をしてから議論を始めなければならないことにもなるのである。

言語学者の鈴木孝夫氏は、「辞書に書いてあるのは、その言葉の定義であって意味ではない。定義は概念であり、意味は個別である。父親は、親の男の方、というのは定義として妥当である。だが、父親と言われた時に、誰でも自分自身の実の父親を思い浮かべるだろう。これが意味である。定義は一般的だが、意味は個別である」というような意味のことを述べている。もはやこれは遠い記憶なので確証はないが大きな誤りはないと思う。概念は、氏の考え方でいけば定義に当たる。「海」の「概念」は、必ずしも常に不変一定、一義ではない。大槻文彦氏の名著『大言海』や「火の海」の例を引くまでもなく、まさに、いろいろな「意味」を包含して用いられ、解されてよいはずだ。むろん「だから、でたらめでよい」などということではない。

⑤「クエ」とはどんな魚か

読者は、クエとはどんな魚かを知っているだろうか。見たことがあるだろうか。（中略）肥ったいも虫がごろんと横になっているような形である。（中略）教科書に出ているクエの絵は、でたらめである。

教材文のクエについての記述も、でたらめである。事実からかけ離れている。

（１０４―１０５頁）


教材研究を私は「教師としての研究」と把《とら》え、始めから「教える」側に立った不遜な研究になりがちだ、と言ってきた。その前段として、「教師面をしないで一人の大人として謙虚に本文と対し、成心なく読みこむ」「素材研究」の大切さを主張してきた。だから見たこともない「クエ」については、かなり調べ、「九絵」という表記もその折に知った。大変美味な超高級魚なので、「クエと言われても簡単には食えない」などという駄洒落も言ってきた。某日、和歌山の知友に案内されてクエを食した。水槽の中を泳ぐクエもとっくりと見た。近畿大学の水産研究所が永年をかけてクエの養殖に成功したという朗報をもたらした頃のことである。さほどに美味と感じなかったのは貧乏根性の故かもしれない。

さて、著者は「教科書に出ているクエの絵は、でたらめである。」と書いているが、それは当たるまい。いわゆる創作的「さし絵」とは違って、資料図として描かれる絵は精緻、正確を期して描かれている。私の見た水槽のクエを思い起こしても違和感はない。でたらめではない。

また、著者は「教材文のクエについての記述も、でたらめである。」と書いているが、そんなことはあるまい。ウィキペディアの解説のみによる著者の教材批判は不十分とは言えないか。いろいろの資料を調べると、そもそも「大型魚」と書かれ、「体長は1m、体重は50kg」と書いてあるものもある。教材本文には、「二メートルもある大物」「全体は見えないのだが百五十キロはゆうにこえているだろう」「父のもりを体につきさした瀬の主は、何人がかりで引こうと全く動かない。まるで岩のような魚だ。」と書かれている。

こういう怪魚になることも全くないとは言えないのではないか。自然界には、想像を超えたような不思議な事象も起こり得るからだ。少なくとも「記述も、でたらめである。」という断定はできまい。

なお、ウィキペディアの記述にある「全長1・3ｍ・体重30㎏に達する大型個体」について「太一の父は、こんな小さい魚に引っぱられて死んだことになる。ナンセンスである。」と著者は書いているが、そうだろうか。体長一・三ｍ・体重三十㎏の魚と、人間とが水中で戦うのである。共に水中にある魚と人間とでは勝負にならない。太一の父の死は窒息死である。空気を吸いきれずこと切れたのであろう。水中の魚の力の強さは、観念的机上論の想像を絶したものである。船や陸にいる人間でさえ、三十㎝ほどの魚を釣り上げるのは容易でない。だから、リールを使って、魚を疲れさせながら引き寄せなければならないのである。さらに大方の場合は網で獲物を掬い上げなければならない。釣りに詳しい知友が「暴れる犬を釣り上げたような感じだった」と話していたが、さもありなんと思う。

このような私の解釈から、著者の「こんな小さい魚に引っぱられて」という考えや「ナンセンスである。」という考えには納得できない。

宇佐美寛先生

今回も拙稿を御清覧下され有難うございます。読み返してみますと随分失礼な書き方をしたなという思いもありますが、まずは自分の思いに忠実にと、率直な管見を述べさせて戴きました。どうぞ、御指導の程をお願い申し上げます。

そろそろ、まとめに入らないといけません。次回は第8章について書きたいと考えておりますが、宇佐美先生から、ここについてどう考えるのか、という御指示がございますれば、それに従うように致したく存じます。

早くも師走も半ばとなりました。今冬の寒さは、例年の暖冬とは違いそうです。どうぞ御自愛の上、良き御越年をとお祈り申し上げます。

第6章 文章を読むという経験

宇佐美 寛

野口芳宏先生

先日はお電話を頂きまして、まことにありがとう存じました。

あの折、この本の原理について、管見をいささか申し述べました。ここで、あらためて、あの内容を活字にしておきたいと思います。

この本は、先生と私とが、国語教育の諸問題について、なるべく具体的に、十分に強く明確に、考えを述べあう本です。両者の考えは違い対立することが多いでしょう。たがいに違う別の人間なのだから当然です。

両者の違いが有るから、読者は、思考を刺激されます。読者が、どう考え、どんな結論に到るかは、読者各自の自由です。

だから、この本を両者の論争にするべきではありません。外部の第三者には、「相手にグーと言わせるべく論じるのだ。」と期待して楽しみにしている者がいます。その気持はわかるのですが、いけません。

そのような論争は、方向・目的が、この本とは違うのです。論争ならば、相手が困るように工夫します。相手に有利な情報は隠します。話題を変えて第二戦線を作り、相手を混乱させます。「卑怯な待ち駒」（『坊っちゃん』）のような奇手も使うでしょう。

こういうことをしていると、両者の相違・対立を明瞭に見せて国語教育の諸問題を読者が考えるのを助けるという本質的目的からは外れ遠ざかるばかりです。

また、八十代にもなっている相手に「グーと言わせる」のは容易ではない、骨が折れることです。

両老雄が血で血を洗う戦いで「グーと言え」とねばりあっている状態は、奇怪（グロテスク）です。こっけいでもあります。

外野の第三者は興味を持つでしょうが、その興味に奉仕してはいけません。

だから、この本の読者にも、次のようにお願いしたいと思っております。

著者の主張がまだ途中のようなところで終わっても、「相手に屈したのだ。」などと解釈しないでいただきたい。著者は勝ち負けなど気にしていない。問題点が読者に見えやすくなったら、その主張はもうやめてしまうのである。相手の主張に納得できなくても、(この本は両者間の論争の本ではないのだから、)追い撃ちはかけないのである。

なお、念のため付言します。「論争」が国語教育の中で、必要な学習領域であることは否定しません。ディベート、討論会、会議等の学習指導は重要です。

しかし、その領域の授業を論ずるのは、他日の機会を待ちたいと思います。この本は、読み書きの学習指導の問題を中心に展開する運びになっていますから。

以下、従来と同様に、常体・論文調の文体で書く。まず、新たに拡がった範囲の問題である「スマホ・ゲーム」に関わって書く。

I　政治論と教育論

野口氏は「スマホやゲームに憑かれ」と書く。私が書いたのは「スマホ・ゲーム」である。スマホとゲームではない。スマホによるゲームである。（中グロの・は無い方がよかったかもしれない。）今までのゲームとは程度がひどく異なる中毒現象のことである。野口氏の視野には、このゲームの異常性が入っていなかったらしい。

ちょうどマリファナなどの幻覚薬物のように、現実の事実の認識を失わせる陶酔である。もう、学校・家庭での学習などする気にはなれない。

とにかく、野口氏との間にすれ違いが生じたのだから、この問題は論じないでおく。代りに野口氏の誤読に合わせて「スマホとゲーム」のこととして論ずることにする。

「本を読まない子供の現実」を論ずるならば、「敗戦後すっかり『商業主義』と『功利優先』に堕してしまった。」は粗い概括である。敗戦から七十年という長期間を一色で説明することは出来ない。要因に着目して、時代・段階を区分すべきである。前記したように敗戦から約五年間は、復員事情も困難であり、遅配欠配が続き商業など見るほどのものは無かった。私は、本を読み野外で昆虫の観察・採集をするしか情熱のはきどころは無かったのでしい。)

ある。そして何よりも、ひもじかった。(農村におられた野口氏には、この経験は無かったら

昭和二十八年以後のテレビの普及に着目して一段階を区切ることも考えられる。

「遠因としては米軍の占領政策も否定できまい。曾《かつ》ての誇り高い日本人の魂はすっかり影を潜めてしまった感がある。」との御意見である。

しかし、これは意味不明である。米軍の占領政策のどの部分が、何ゆえ遠因になっているると言えるのか。この問いに答えるのに必要な情報が無い。

つまり、野口氏が独りで何か考えているらしいという推測が出来るだけである。読者は困る。

昔の「遠因」ではなく、現在の「近因」を論じた方がいい。

野口氏は国会の委員会(例えば予算委員会)での質疑・答弁をラジオ、テレビで聞いたことが有るだろうか。子供も聞く機会は有るだろう。

安倍晋三首相の言動はどうか。

都合が悪い論点だと、全然すじ違いの別方向の答弁を長々として時間をつぶす。理由抜きで答弁を拒否する。広すぎる、あいまいな一般論を長々と述べ焦点不明にする。さらに、

質問者が質問している途中でやじを飛ばす。

こんな調子で、彼自らが関わり責任がある加計、森友汚職の答弁をするのだから、彼はいくらでも逃げられる。（公文書が改ざんされ官僚が責任を感じ自殺するというまでに顕在化した、はでな汚職である。）

こんな状況を見聞きした子供は、当然、思う。「ごまかし、うそをつき、不誠実であると得をするのだ。出世するのだ。」

そう思う子供がまじめに、集中し目的意識を持って読書のような知的努力をしないのは当然である。悪しきモデルを生々しく見せられているのである。

三木、福田（赳夫）、大平などの首相は、こんなずるい答弁はしなかった。品格を保っていた。やじを飛ばすはずがない。格段の差が有る。なつかしい思いである。かつて日本共産党の不破哲三議員は、尊敬する首相を問われ「大平首相」を挙げた。

（この文脈で読者にすすめる参考書。若宮啓文『忘れられない国会論戦』中公新書、一九九四年。この本では、さらに先立つ世代の首相、吉田、池田が出てくる。もちろん、彼らも安倍とは格段の差が有る大物である。）

「米軍の占領政策」を「遠因」とし、「誇り高い日本人の魂」を言う。理由・根拠を説明する情報を欠く単なる政治的スローガンに過ぎない。

米軍の日本占領は、現代史における他の占領の事例と比較して、そんなに悪いのか。私は、なかなかの出来であり、「敵ながらあっぱれ」だと思っている。

日本は、それまでにイギリス・アメリカ・フランス・オランダの植民地だった地域を「解放」すると称して占領した。

インドネシアのように圧倒的にイスラム教が強い地域にも神社を作り参拝を強要した。特異な神道史観に基づき、「之ヲ中外ニ施シテ悖《もと》ラス」などと言う自己中心主義の教育勅語を守らせようとすれば、当然こうなる。この教育勅語には、「どこの国とも仲よく」という国際親善の原理が無い。また、「世界には様々な文化が有り、学ぶべきところは多い。」という多文化相対主義の原理も書かれていない。

神社参拝の強要は、このような占領地だけではなく、台湾、朝鮮という植民地、そして実質的に植民地であった傀儡《かいらい》国家「満州国」でも同様であった。

約六十年前、私が留学していた州立ミネソタ大学は、当時の米国で留学生が多い大学の一つであった。右の諸地域から来た、私とほぼ同世代の学生から日本による占領の様子を聞かされ、つらい思いをした。ビンタや日本語使用の強制の様子も聞かされた。そして、日本軍のための強制労働、食糧供出の強制。独立は許さない。

恨みがたまるのは当然である。フィリピン、インドネシア、ビルマのように、日本軍は、ゲリラや新たに組織された国軍に攻撃される。

こんな占領と比べれば、連合国軍による占領は、格段に見事だったと言わざるを得ない。（マッカーサーは正式には、米軍ではなく、連合国軍の代表である。）連合国軍であるから、当然、ポツダム宣言という文書の原理に従う占領であった。（野口氏は「ポツダム宣言」を引用すべきだった。）日本軍による占領には、このような原理の文書は無かった。

野口氏は「曾《かつ》ての誇り高い日本人」と書く。日本自らがこんな占領をしていて、どう、何ゆえ誇りを持ち得るのか。から威張り・から元気に過ぎない。

また、「誇り」を言うなら、現在、誇りを持ち得なくしている要因は、占領政策ではない。占領政策に責任を押しつけるのは、見当違いである。（遠因ではなく）近因を挙げれば、いわゆる日米地位協定が悪い。

例えば、その第一七条3（a）を見る。

（a）合衆国の軍当局は、次の罪については、合衆国軍隊の構成員又は軍属に対して裁判権を行使する第一次の権利を有する。
（i）〔引用略〕
（ii）公務執行中の作為又は不作為から生ずる罪

〔『六法全書　平成一〇年版』有斐閣〕

これにより、米兵の犯罪は、実質的に全て日本の裁判権が及ばないことになっている。沖縄の実態がそれである。ひき逃げ、強姦、殺人等の犯人も、公務執行中であると称すれば、日本の警察の手は及ばない。犯人が基地内に入ってしまえば、なお安全である。こうして、犯罪はうやむやになり、犯人がどういう刑を受けたかも日本側には知らされない。

こんな屈辱的な地位協定で「誇り高い日本人としての魂」が持てるか。安倍首相はいつもの無内容な応答で「現行地位協定で問題は無いと思う。」と言う。実質的に応答の拒否である。

まさにアメリカの忠犬である安倍首相が、「日本人としての誇り」を妨げ、持ち得なくしているのである。（自民党内にも地位協定を改正する米国との交渉を始めるべきだという人は少なくないのに。)

同じく旧敵国であったイタリア、ドイツはどうか。裁判権を米国に渡してしまうという愚かな従属は無い。基地の運用については、その国(つまり、イタリア・ドイツ)の法律に従うのが原則である。例えば、訓練は法律が許す限りでしか出来ない。だから、ヘリコプターが校庭の真上を飛びこわれた部品が落ちてくるなどという沖縄での事故は生じない。

こんな屈辱的地位協定に問題を感じないとの旨を国会の答弁で公言する人物が首相であるという事態で「誇り高い日本人の魂」は安全なのか。

(この文脈における参考書として、次の三点を読者にすすめる。1. 津野海太郎『物語・日本人の占領』朝日新聞社、一九八五年。2. 山室信一『キメラ――満州国の肖像――』中公新書、一九九三年、発刊当初から名著の評が高く吉野作造賞を受けた本である。3. 伊勢崎賢治・布施祐仁『主権なき平和国家』集英社、二〇一七年。)

野口氏の「米軍の占領政策」や「曾《かつ》ての誇り高い日本人の魂」という文言は、政治に関わる意味不明、概念内容不明の断片的スローガンに過ぎない。(あるいは、キャッチ・フレーズ、惹句とも呼び得る。)

野口氏は、そんな意味不明の短い語句を、あたかも疑いの余地が無い自明の理であるかのように、教育論議の文章の中にまじえる。説明欠如のまま教育（この場合は国語教育）についての論議の基調が影響される。不明朗な事態である。

野口氏は、せめて右の宇佐美の文章程度の詳しさで「米軍の占領政策」の悪さや「誇り高い日本人の魂」を説明すべきであった。また、氏は、せめて宇佐美程度には参考文献を読むべきであった。

政治は重要である。また政治と教育との差異・関係の問題は重大である。だから、政治に関わるような話題は、短いスローガンや惹句ですませてはならない。教育が政治的思惑に侵食される。

Ⅱ　経験

中学生時代、私は籠球部（バスケットボール部）にいた。

バスケットボールの能力は、バスケットボールの経験において育つ。試合がある。練習もある。練習も、シュートに重点をおいたり、ドリブルの練習があったり、ランニングをしたりする。時間の長短も様ざまである。

しかし、とにかくバスケットボールの経験である。

コーチの教師がいる。時宜に応じ、急所急所で、口頭の指導をする。例えばフォーメイションのような作戦を話す。選手それぞれの身のこなしについて口頭で修正を促す。

このようなコーチによる口頭指導を受ける経験は、ボールを実際に使う経験とは別種の経験である。

だから、コーチの話を聞いているだけでは、実戦の能力は伸びない。

しかし、この二種の経験の間に影響関係が生じる場合もある。

私は「シュートの時は、もっとボールをねばらせろ。」と教わったことがある。つまり、ボールが掌から離れる前に指で回転をつけるのである。適切な良い指示だった。

しかし、この指示の良さがわかるのは、私のバスケットボール実践の経験ゆえである。実践の経験があるからこそ、指示の意味に思い当たるのである。このように、実践経験と指示を受ける経験とが関連する場合もある。実践経験を母体として、その中にいわゆる指導言の意味が組み込まれるのである。

「宇佐美は何の話をしているのか？」と途方に暮れ不明感を持つような読者はいないと信じたい。

自分で文章を読むという経験と他者である教師の発問の言葉を解釈し答えるという経験とは、あい異なる二種の経験である。

自分で文章を読まなければ文章を読む力は育たない。ろくに読書していない教師は、自分自身の文章を読む能力を育て得ていない。日ごろ十分な量の読書をしていない子供は、文章を読む能力を育てていない。

このような教師と学習者（もちろん広く児童・生徒・学生）の間に行なわれる発問・応答という経験の効果を私はあまり信用していない。すでに述べたように、今まで教えてきた学生の文章を読む能力が、かなり劣弱だからである。

経験は、それについて語る経験では置き換えられない。

ある土地を歩く。土の湿り具合、土の堅さ、小石のまざり具合、草の生え具合を経験する。（越冬している昆虫を掘り出すために必要な経験である。）

この土地の上にドローンを飛ばして情報を得るという経験は、直接、歩いて知るという経験とは、別種の経験である。ドローンは、抽象・整理された別秩序の情報をもたらす。土地の、ある特性は見るが別の特性は見えていない。

発問・応答は、このドローンのようなものである。自力で読む経験についての、抽象・

整理である。読む経験とは異なる別種の経験である。「について」は、哲学者の用語を借りれば、「メタ (meta)」である。自力で読む経験についての言葉を解釈し応答する経験は「メタ経験」である。

Ⅲ　準備体制（レディネス）

先に「予習」について述べた。「予習」という語の意味が狭すぎて、私の本意をはずれた内容を述べてしまったかもしれない。要するに文章を読む授業で自発的に学習する状態を作っておくべきだということを言うつもりであった。ここで、右に述べた「文章を読む力は、文章を読むことにより育つ。」という主張が生きてくる。授業の外で、また授業にさきだって、読書しているという状態が要る。学校図書館、学級文庫の活用を含む読書指導が重要である。自ら意欲的に本を読むという経験を育てないで、発問・応答という別種の経験に頼るから、読む能力が育たないのである。多くの学生、そして凡百の教師たちの低能力という事実がそれを示している。

文章を読むという独特の（ユニークな）経験を他種の経験で代用することは不可能である。

垣内松三『国語の力』（大正十一年）はそう主張している本なのだと宇佐美はずっと思ってきた。あの本をそのように解釈できる人はいないのだろうか。

私は、大学で学生の読書の状態を調べ、課題図書を適切十分な複数冊、図書館に入れた。教科書を読ませるのに先だってである。（拙著『大学の授業』東信堂、一九九九年、を見ていただきたい。）

Ⅳ　小学校の英語授業

野口氏は言う。「『消極的』というのは『英語の前に国語教育の充実を！』という考え方に対して、残念ながら私は懐疑的であることによる。」

しかし、宇佐美は既に拙著『教師の文章』（さくら社、二〇一七年）の「第10章　小学校では、英語ではなく、日本語を」において、次のように書いていたのである。野口氏のお目にはとまらなかったようである。残念である。

かつて、次の文章を書いた。（『ＴＯＳＳ英会話の授業づくり』第11号（『教室ツーウェイ』別冊№３３２）、二〇〇六年四月）

リレー連載

小学校英語不要論をどう思うか
不要どころか有害なのだ

千葉大学名誉教授　宇佐美寛

私は「新制中学」の一期生である。教師は教科書の往復訳をさせた。つまり、和訳させ、その日本文を英訳し復元するのである。さらに、この英文をそらで言えるようにする。発音もくり返し指導された。（教師は英国の大学の出身だった。）教科書の英文を覚えて書け言える状態になれば、出来ない試験問題は無い。

大学の英語（一般教育）の教師は外山滋比古氏、小林智賀平氏だった。両氏からは、母語である日本語での読書量が多くなければ知的内容があるまともな英文の読み書き能力は伸びないことを教わった。（両氏とも日本文化に深く通じた教養人である。周知のように外山氏は日本語についての著作も豊富である。小林氏は明治の政治小説、末広鉄腸『雪中梅』岩波文庫の「解説」を書くような人であった。）

大学助手の時（27歳）、米国の大学院に一年留学した（教育史・教育哲学専攻）。出迎えの女子学生と話をし「米国人と話すのは初めてだ。」と言った。彼女は「ジー」と私には未知の感動詞で驚いていた。私は「偉い教師たちに教わったのだ。」と言った。

日常の会話だけなら、二、三ヶ月も生活していると、なれる。（そんな会話を小学校の貴重な時間を使ってなぜさせるのか。）友人（米国人）に「この頃、英語をゆっくり易しく話そうという社会運動が行われているのか？」と冗談を言うくらい楽になった。

問題は、もっと内容のある話をしなければならない時である。例えば、次のように問われた時である。「日米安保条約をどう思うか。」「マッカーサーの統治をどう評価するか。」「日本人はなぜ syncretic（混合宗教的）なのか。」「大岡昇平の『野火』をどう思うか。」このような話をするためには読書していなければならない。

知らないことは話せないのである。

日常会話をペラペラ話すだけの留学生は、たちまち無知で鈍い頭の実体をさらけ出す。

たいした内容が無い日常会話をペラペラやっているだけの者と、ゆっくり言葉を探しながらでも内容の濃い話をしようと努める者とどちらが尊敬されるか。（そもそも「ペラペラ」は軽薄な態度である。何事でも、また日本語でもペラペラと話すべきではない。）そばにいて恥ずかしくなるような国辱的・植民地的留学生の無内容なペラペラ会話はしばしば聞いた。これに対し、専門的内容の濃い話をする日本人学者の英語がゆっくりであっても、米国人は丁重な態度で注意深く聴いていた。当然である。私は「彼の英語がゆっくりなのは、日本が独立を守り、あなた方の植民地にならず英語を使わずにすんだ歴史ゆえだ。」と言った。

さらに問題なのは授業の英語である。相当な速度で多量に専門書を読まねばならない。また、本を読む速度以上に速い講義は聴きとれない。速く読む訓練をしないと講義がわからないのである。一日で教育史の本百ページ以上を読めた時はうれしかった。

大分内容の濃い話しが出来るようになったらしい。高校教師、小学校教師、高校生の三人にまったく初めから日本語を個人教授した。日本から小学校の国語教科書をとりよせて使わせた。この高校生の少年は現在、世界的な谷崎潤一郎研究者・翻訳者である。ポール・マッカーシー氏である。

〈小学校の英語会話〉は、次のように迷信・幻想で汚れている。

1. 英語を読み書きできても話せない人が多い

迷信である。一時間かけてようやく数ページという、まるで古代文字の解読の速度の状態は「読める」ではない。大学卒業者の多くは読めないのである。読めないから話せないのである。

2. 中・高と六年間学んでも英語が話せない

「学ぶ」というほどの学習は成立していない。平成15年度教育課程実施状況調査では、英語の授業が「わからない」は中3で28・3％である。国語（母語）の学力が乏しければ、英語も学び得ない。

3. 外国語は年少時から始めないと学習の時期を失する

迷信である。私やマッカーシー氏の例でもわかる。知的内容の濃い英語ならば、国語学習（特に読書）に支えられ文法を重視し系統的に教えられねばならない。日常会話になじむくらいの低い内容なら成人後でも出来る。（日本に来て日常会話が「ペラペラ」になる米国人を見よ。年齢は無関係である。）

4．英会話でその後の英語の能力が伸びていく

幻想である。普通の日本人は日本語の会話は不自由なく出来る。しかし、「日本人の混合宗教性」や『野火』を論じられるわけではない。知的・専門的内容を担う日本語の能力は、読み書き学習で出来るのである。日常的英語会話は学校の読み書き学習にはつながらない袋小路であり発展性が無い。多様な内容に応用できる普遍性・発展性は、基本的な型で思考する文法の学習を重視した系統的読み書き学習ではじめて成り立つのである。（算数での問題解決学習や国語での単元学習のような無系統・無論理な経験主義的偏向を批判する人が、他方ではるかに無系統・無論理な英語会話には幻想を抱く。不思議である。）

こんなものを母語の教育を冷遇して教えると日本語も英語も未発達な「植民地人」が出来る。有害である。

次の本をお読みいただきたい。
大津由紀雄・鳥飼玖美子『小学校でなぜ英語？』（岩波ブックレット）
澤井繁男『誰がこの国の英語をダメにしたか』（生活人新書、日本放送出版協会）
山田雄一郎『英語教育はなぜ間違うのか』（ちくま新書）
茂木弘道『文科省が英語を壊す』（中公新書ラクレ、以下も同じ）
市川力『英語を子どもに教えるな』
齋藤孝、斎藤兆史『日本語力と英語力』

日本は、大学の授業を国語で行ない得るアジアでは珍しい、独立国語の国である。（もう一つは中国だろう。）もちろん、大学だけではない。立法・司法・行政……国家としての全ての営みを国語だけで行ない得る言語大国である。ふるくは中国語を日本語の中に消化吸収し、維新後は、英語・ドイツ語・フランス語の概念をも翻訳し吸収してしまった。

英語を話せる必要など無い。必要なのは、この論理的な大言語である日本語を学ぶことである。

日本に来ている外国人には、日本語を学んでもらいたい。あたかも、ここが英米の国土であるかのように、英語で日本人に話しかけるのは、無礼である。日本人はりっぱな日本語を使えばいい。

だから、私は道に迷っているらしい外国人を見ても、まずは日本語で話しかける。日本語が通じないことがわかった時はじめて英語で話す。

日本語を学ぶからこそ英語を使えるようになるのである。

日本語によって、言語の本質的構造がわかる。この学習が英語の学習の実質的な基礎として生きる。

例えば、日本語における逆接的表現は、次のように多様である。（順不同）

「しかし、」「しかしながら、」「だが、」「が、」「それにもかかわらず、」「まだ依然として、」「とんでもない」「さりながら、」「それにしても、」「それとは違って、」「いや、」「それとは反対に、」……

これらの表現の差違を学んでいるからこそ、英語で、どのような逆接的表現を使えばいいかがわかるのである。（順不同）

but, however, yet, nevertheless, except, in spite of ~ , on the contrary, despite, ……

具体的な文脈において、これらの表現のどれが適切なものであるかが、日本語を学んでいるからこそわかるのである。

〈経験される事実を言語でどう処理するべきか〉を広く全般的に学び得るのが国語（日本語）の学習である。言語学習の基礎である。

だから、いずれ英語を学ばせるためには、小学校では、英語を教えるべきではない。

この母国語の基礎を欠いて学ばれる英語は植民地英語である。アジアには、かつて英米に植民地にされていた国がいろいろ有る。（気の毒なので国名は書かない。）そのような旧植民地から来た留学生は、よどみなく英語を話す。

なめらかにペラペラ話すのが望ましいのならば、一度植民地にしてもらえばいい。

小学校での英語の学習の主唱者は、右に述べた母国語学習との内在的関係を意識できていないようである。単純に時間数で競合・矛盾の関係ととらえ、足し算・引き算でしか考えられないらしい。愚かである。無責任である。

水村美苗「言語の植民地化に日本ほど無自覚な国はない」『中央公論』二〇一七年八月号を読んだだろうか。

私が右に主張してきた国語教育重視論の論理を説得的に述べている。

これを読んでなお「小学校で英語を教えるべきだ。」という愚論を言い続け得る人はいないだろう。いるとしたら、水村氏の明快な文章さえも読めないほど国語力がおとろえた人なのだ。やはり、英語は教えるべきではない。

国語の恩を忘れた忘恩は、文化的亡国である。


私は低能力で未熟な英語使用者に過ぎない。だから、私が書いた小学校英語論を野口氏が無視しても、あきらめる。

しかし、大津由紀雄・鳥飼玖美子氏等、私が列挙した方々は、仰ぎ見る思いの、たいへん有能な英語使いの人である。野口氏が、これらの人びとの小学校英語論を無視して自説を書くのは、残念である。特に、水村美苗「言語の植民地化に日本ほど無自覚な国はない」(『中央公論』二〇一七年八月号)は、「誇り高い日本人の魂」を要求する野口氏にはぜひ読んでいただきたい。

Ⅴ　事実度・虚構度

拙著『国語教育を救え』（さくら社、二〇一八年）の第7章「概念」は「海の命」の批判・評価を述べた。

そこで、私は〈事実度〉・〈虚構度〉という基本的概念（キー・コンセプト）を示した。この概念による尺度で見ると、「海の命」の文言は、度合いがガタガタに浮動しつづけ読み手の子供を惑わしている旨を書いた。

右は要約であるが、念のため次に引用する。

Ⅰ

小6の教科書教材「海の命」（立松和平作）の冒頭部分は、次のとおりである。（以下、

（同教材の引用は全て光村図書『国語㊅創造』平成三十年発行版による）

父もその父も、その先ずっと顔も知らない父親たちが住んでいた海に、太一《たいち》もまた住んでいた。季節や時間の流れとともに変わる海のどんな表情でも、太一は好きだった。

「ぼくは漁師になる。おとうといっしょに海に出るんだ。」

子どものころから、太一はこう言ってはばからなかった。

太一が弟子となった老漁師の与吉じいさは、ある時から、もう船に乗らなくなった。そして家で死んだ。

次のように書かれている。

船に乗らなくなった与吉じいさの家に、太一は漁から帰ると、毎日魚を届けに行った。真夏のある日、与吉じいさは暑いのに、毛布をのどまでかけてねむっていた。太一はすべてをさとった。

「海に帰りましたか。与吉じいさ、心から感謝しております。おかげさまでぼくも海で生きられます。」

悲しみがふき上がってきたが、今の太一は自然な気持ちで、顔の前に両手を合わせることができた。父がそうであったように、与吉じいさも海に帰っていったのだ。

ほぼ一年後のことである。

「村一番のもぐり漁師だった」太一の「おとう」を破った「瀬の主」なのかもしれない「百五十キロはゆうにこえているだろう」クエを見つけた。

しかし、太一は、「おとう」を殺したかもしれない、このクエを殺さなかった。

水の中で太一はふっとほほえみ、口から銀のあぶくを出した。もりの刃先を足の方にどけ、クエに向かってもう一度えがおを作った。

「おとう、ここにおられたのですか。また会いに来ますから。」

こう思うことによって、太一は瀬の主を殺さないで済んだのだ。大魚はこの海の命だと思えた。

「父親たちが住んでいた海」、「太一もまた住んでいた。」――海中に住めるはずがない。海辺、つまり海岸に住んでいたのだ。

「海」とは、「海岸」のことだ。当然、児童はそう思う。

与吉じいさは、自分の家の中で死んだ。右の定義により、家は海岸にあるのだから、当然、「海で死んだ」ことになる。ところが、この場合は違うらしい。与吉じいさは「海に帰っていった」のだ。つまり、海とは、この家ではなく、海水が有って魚類がいる所らしい。

「大魚はこの海の命だ」――海は海である。海にいる生物のことではない。大きなクエの命は、海の命ではなく、クエの命でしかない。

また、「海の命」と書くくせに、この海自体は、ほとんど書かれていない。「船」ではなく「舟」と書きたいような、動力を欠く乗物で出漁するような小さい狭い海にすぎない。

人の命は、海中で、ときにはクエに宿って生きつづけるらしい。

だから、「海に帰った」と安心していられる。

このような思い入れ、思い込み、信仰で事はすむのである。

こういう、気分的な汎心論あるいは汎神論（いたるところ心あるいは神が存在すると考える思想）で読むしかない教材文である。だから、海でなくてもいい。「海」を「森」と置きかえても、この教材文は同様に成り立つ。森も深くて、あやしげな巨獣もいるのである。巨獣に殺されても、人の命は巨獣とともに生きつづけるのだという話に変えても通用する。無理な理屈をつけて通用させることが可能な、たるんだ教材なのである。

II

この教科書教材を教えねばならない教師は、この教材に順応するだけの、ぼんやりした気分だけで読み教えているのだろう。無理なこじつけになる。

前節（I）から当然出てくる次の問いに答えてもらいたい。

1．「海」とはどこのことか。「海岸」は「海」か。

2．与吉じいさが海に帰ったのならば、なぜ太一はじいさの（死体の）「顔の前に両手を合わせ」たのか。じいさは、海に帰ってしまったのに。
3．クエに報復するとしても、太一が殺すのを避けたクエは「おとう」を殺した犯人（犯魚）そのものなのか。

チャーチル首相の逸話を思い出した。はえがうるさく飛ぶ。打とうとしたが、失敗してはえは逃げた。しばらくして、また、はえが来た。また打とうとしたが、やめた。「これは別のはえだ。」と言った。犯人（犯虫）ではない別の人間（はえ）の責任を問うべきではない。さすが法治国家の首相である。このクエの場合はどうか。

小・中学校生に国語教育で教えねばならないものは、〈概念〉（働きで言えば）〈概念作用〉である。

つまり、語句は個々の場合を超え、総括して定まった一般的意味を持つという事実を教えねばならないのである。読み書きを通じて体得させねばならない。（「海」の意味は一定していなければならない。）

概念を持つがゆえに、個々の児童・生徒は自力で、「この語の意味は――だと思っていいのだろうか。」と思考し得る。また、「――という意味に当たることを表現したいのだが、適合する語句は何だろうか。」と思考し得る。

概念は他の概念と組み合わさるシステム（連鎖）をなしている。だから、海・浜辺・磯と合わせ比較して思考し得る。

国語教育は、概念を持たせるためにある。

だから、思考させるのではなく、汎心論的気分に甘えさせ、何となくわかったような気分にさせるだけの「海の命」は劣悪な教材文である。安定した概念を全く与えていない文章である。まず現場の教師が、この教材文をきびしく批判すべきなのである。そうしないと、教師自身の概念も混乱させられてしまう。こじつけを教えることになる。

だから、この「海の命」を教科書の教材文として採用した者の責任が問われねばならないのである。教科書に載る教材文としては、劣悪である。

だから、教師は、「おとう」「太一」「与吉じいさ」、そしてクエという登場人物の気持を想像・忖度（そんたく）するという不出来な道徳授業を、苦しげに行なうことになる。（六例の授業記録を見た。それがわかる。）

この「海の命」は、「難教材」と言われているようである。当然・自然である。明確な概念がどこにも無く、全体を通じて意味不明だからである。何とかつじつまを合わせ、格好をつけようとして、教師は苦労している。（例えば、「霊魂」概念が明らかになっていれば、この教材文の全体が明るくわかりやすくなる。）

子どもは概念を持ち得ない。つまり、教師がよくわからない教材は、子どもがわかるはずがない。教師はそう覚悟すべきなのである。この劣悪な教材文を評価・批判すべきなのである。

「王様は裸だ。」と公言しよう。

Ⅲ

読者は、クエとはどんな魚かを知っているだろうか。見たことがあるだろうか。

ＳＮＳで調べればいい。水族館で見ればいい。

肥ったいも虫がごろんと横になっているような形である。（そうでなければ、「岩かげにひそむ」ことは出来ない。）教科書に出ているクエの絵は、でたらめである。

教材文のクエについての記述も、でたらめである。事実からかけ離れている。

「二メートルもある大物をしとめても、父はじまんすることもなく言うのだった。」

事実のクエは、「ウィキペディア」によれば、次のとおりである。

成魚は全長60㎝ほどだが、稀に全長1・3ｍ・体重30㎏に達する大型個体が漁獲され、

太一の父は、こんな小さい魚に引っぱられて死んだことになる。ナンセンスである。

つりをしながら、与吉じいさは独り言のように語ってくれた。

「千びきに一ぴきでいいんだ。千びきいるうち一ぴきをつれば、ずっとこの海で生きていけるよ。」

与吉じいさは、毎日タイを二十ぴきとると、もう道具を片づけた。

その日、魚一ぴきを食べるだけで生きていくのか。一人でタイ二十ぴき食べるのも、たいへんだ。苦痛だろう。

要するに、とった魚を売る市場が全然描かれていない、でたらめな文章である。市場が書かれていれば、魚のとり方、育て方、売り方をも書かざるを得ない。

文章には、〈事実度〉・〈虚構度〉という性質の基準が有る。

例えば、「桃太郎」は、事実からは遠い。事実度はゼロに近い。虚構度の高さで保たれている話である。だから、読む者（聞く者）はそのつもりで（幼児風に言えば、「うその話」のつもりで）受けとる。「人が桃から生まれるなどという事実が有るか！」などと怒ったりはしない。

ところが、私の学生時代の師、石山脩平氏は、学生相手の酒席で、「本当は股（もも）から生まれた股太郎と言うのだ。」という新説を述べた。事実度はぐんと増す。

鬼が島戦争の大義を心得ず、きび団子という食品に目がくらみ、それゆえについて来る傭兵、イヌ・サル・キジ。これに対し、要塞鬼が島を守る精強の鬼数百名。股太郎の惨敗は火を見るより明らかである。(「股太郎」の事実度では、こういう話になる。)死を覚悟せねばならない。

一般に流布している「桃太郎」については、「桃太郎は戦死を覚悟しただろうか。おじいさん、おばあさんに遺書を書いただろうか。」などと発問すべきではない。野暮である。すじ違いである。(虚構度、つまりでたらめ度が全然違う。)「桃太郎」の虚構度に協調して、さらに虚構をつけ加え、補ってやればいい。それが正当な「桃太郎」理解である。いっしょに遊ぶのである。

私の記憶では、太宰治氏等、何人もの作家が、このような遊びをした。女鬼を妾にするために連れてくる話も有った。鬼から奪った宝物を本来の被害者に返さず私物化する話も有った。(今、私の書庫は、すっかり乱雑になって、すぐには当該の書物を発掘できない。まことにお恥かしい。)

「おとう、ここにおられたのですか。また会いに来ますから。」

こう思うことによって、太一は瀬の主を殺さないで済んだのだ。大魚はこの海の命だと思えた。

こんな部分についての発問を工夫するのは、まことに愚かである。すじ違い、である。野暮である。まじめに相手にするべき教材ではない。

海の中で、冷たく、息も苦しいと、頭がぼーっとして非事実的な虚構を考えてしまうものだと納得しておけばいいだけのことである。

あとは、この虚構度の高い文章に調子を合わせて協力し遊んでやればいい。（クエ神社は、ぜひ作ろう。クエ音頭を歌うのもいい。）

発問するのは、「この問い以外のことは考えるな。他のことに気づいてはいけない。」という指示を与えている「かくれたカリキュラム」である。当然、ついていけない、ぼんやりと他のことを思っている子が多く存在する授業になる。

私の長男が幼児の頃、「桃太郎」を話して聞かせた。彼は、「赤鬼、青鬼」だけではすまずに「黒鬼をドデーン〔と投げ飛ばす〕、白鬼をドデーン……」と補い増やす。「桃太郎」で遊んでいるのである。前記の作家たちが遊ぶのと、同質である。

こんな短い作品なのに、相互に矛盾する箇所がいろいろ出てくるのでは、子供の頭は混乱させられる。だから、私が右に書いたような問題意識を子供も持つのは、望ましい思考のあり方である。ぼんやり読んでいてはいけない。

VI　概念

野口氏は言う。

「小・中学校生に国語教育が教えねばならないものは、〈概念〉（働きで言えば）〈概念作用〉である。」（102頁）――と著者は言う。概念も教えねばなるまいが、筆順も、敬語法も、漢字も、話し方も、作文も「教えねばならぬ」中に入る。「教えねばならないものは」でなく、正しくは、「教えねばならないもの（の一つ）は〈概念〉云々」としなくてはなるまい。（94頁）

そうか。現に教師は、筆順、敬語法、漢字、話し方、作文においての概念を教えているのである。

氏が右を否定するならば、問う。筆順、敬語法、漢字、話し方、作文は、なぜ概念ではないのか。概念ではないとするならば、これらは何なのか。

形式論理的に言う。宇佐美がAを言う。野口氏はAを否定し、Bを言う。当然、宇佐美は、「AとBとの違いは何か。」と問うはずである。「理由はCである。」と言うなら、CはA・Bそれぞれの意味を明らかに示しているものでなければならない。

〈概念〉とは何か。

Aの概念とは、「Aの示すものには、○と●と×……が含まれるが、△……は含まれない。」という区別・区分の観念である。示すものは、もちろん単数でもいい。正しい筆順は一種に限られるのだろう。その一種が、例えばこの「種」という漢字の概念内容なのである。

つまり、概念という観念の働きは、日常的な用語で言えば、「けじめ」・「分別（「ふんべつ」も「ぶんべつ」も含む）」・「すじ立て」・「仕分け」・「異同の見きわめ」等のことである。

だから、概念は、言葉に担われない観念である美術や音楽においても働いている。

「概念」をこのように統一的に把握するから、教育の見方が広く、また総合的になる。例えば、拙著『国語教育を救え』で述べたように、「原稿用紙に手書きするという身体活動で、何が認識されているのか（どんな概念が働いているのか）。」が見えてくる。

右のように「概念」を定義することが奇矯・独善だと思う人は、哲学事典を二、三種見ていただきたい。納得がいくだろう。

しかし、さらに深く根底的に言えば、定義というものは自由であり、「奇矯・独善」とそしることは原理的に出来ない。「定義に真偽無し」と言われる。定義は、自由に創り、その定義を守りつづければいいのである。つまり、首尾一貫して、その定義で文章を書く責任が有るのである。定義を理由無しに変えるのでは、他者の安心・信頼は失われる。また、定義の自由が無ければ、文化の進歩・発展は不可能である。

野口氏は、鈴木孝夫氏の言説について、次のように言う。

> 言語学者の鈴木孝夫氏は、「辞書に書いてあるのは、その言葉の定義であって意味

ではない。定義は概念であり、意味は個別である。父親は、親の男の方、というのは定義として妥当である。だが、父親と言われた時に、誰でも自分自身の実の父親を思い浮かべるだろう。これが意味である。定義は一般的だが、意味は個別である」というような意味のことを述べている。もはやこれは遠い記憶なので確証はないが大きな誤りはないと思う。概念は、氏の考え方でいけば定義に当たる。「海」の「概念」は、必ずしも常に不変一定、一義ではない。（95頁）

これも、鈴木氏の定義である。強制力・拘束力は無い。これとは違う考えの人は、この定義を採用しなければいい。「この定義で多くの事例が説明できる。便利だ。」と思うならば採用すればいいだけのことである。

Ⅶ　作品

野口氏は言う。

「海」は「海中」ではない。それと同様、「海岸」でもない。家も、道路もみんな含めて「海」と言っているのだ。「海の男の艦隊勤務、月月火水木金金」という軍歌があった。「山男よく聞けよ、娘さんには惚れるなよ」という歌詞もあった。いずれも海や山が「広義の概念」として普通に受け入れられているものである。
（89頁）

大槻文彦氏の名著『大言海』や「火の海」の例を引くまでもなく、まさに、いろいろな「意味」を包含して用いられ、解されてよいはずだ。むろん「だから、でたらめでよい」などということではない。
（95頁）

このような、語の意味をこの作品の外部に求めるという論述は、方向を間違えている。こんな論法を採るのならば、「海の男」ではなく辞書を規準にする方が話が速い。辞書には、「海」の意味がもっと多様に記されている。

「辞書に書いてあるのだから、この作品で『海』を思うまま勝手に使ってもいい。複数箇所で矛盾が有っても、どの用法も許容範囲内だ。」と教えるのか。

　こんな短い文学作品の範囲内で、「海」の意味は、無法則的に、ガタガタと動揺している。だから、野口氏の言を借りれば、「でたらめでよい」という結論が実態になってしまう。ドローンのような高度からではなく、目を低くして詳しく読む子ならば、この意味の動揺が気になる。当然、私が前記したような疑問を持つ。作品（の主題・モチーフ・構想）には統一性が有るべきものなのだから、このような疑問は正常・当然である。

　教師は、どう指導すべきなのか。右のような疑問は生じないように、大きく高く、つまり大ざっぱに読めと言うのか。意味の動揺に気がつく方が悪いと指導するのか。気がついた時点で辞書に「『海』の意味はいろいろ有るから、そんなこと気にするな。」と指導するのか。

　このような、語の意味の粗雑・混乱を許容する指導の結末は、厳密・正確が命であるはずの論説文の読み書きに転移する。語の意味には無関心で、大意だけを眺めようとするドローン的思考で読むことになる。

　大学教師時代の私は、こういう学生のアフター・ケアで忙殺された。学生は、教科書である私の『道徳授業に何が出来るか』のある部分（セクション）を読み、自分の意見を書くように指示される。
ところが、最初のうちは（つまり、文章に即しての指導がまだ無いうちは）学生は、例えば次のような文章を提出する。

人格探求としての道徳授業

自らで判断・意思決定し行動した上、責任を負うもの、それが人格である。しかし、そもそも日本の風土では、古今、世の流れに身を委ね、人格なき日常を繰り返すことを、善しとしてきたのである。そんな風土での経験で、自立した人格が築かれること自体、稀なことなのではないか？　子ども達を取り巻く今の環境にも、同様のことがいえ、学校で教科書を詰め込んでさえいれば、それで善しとされているのだ。これらの環境は覆されるべきものではあるが、現実はそうもいかない。学校の授業とて、個々の教師の人格から、子ども達が何かを摑み取るような、余裕のある機構になっていないのだから、仕方無い。そうであるならば、唯一残された時間、即ち道徳授業というものを、最後の牙城とするしかない。したがって、それが非合理な単なるファンタジーの世界に留まっていては仕様がないのであって、自己決定をリアルに探る場として生かされなければならないのだと思う。

〔宇佐美寛『大学の授業』東信堂、一九九九年、69—70頁〕

「へりくつ」

私の目から見て、先生の意見は一方向に偏った目でしか見れない、いわば典型的な頭の堅い大人のものであるように思われる。

というのは、先生は人間のちょっとした、一回だけの行動でその人間の性格を自分の中で決めつけ、そしてその人間のすべてを見切ったかのように勘違いしている。これは、たった一回のテストの結果で生徒をランクづけし、偏見の目でしか生徒を見れない「生徒をダメにする教師」と同じである。私たちは「人間が内に秘めている可能性はたった一回の行動でははかりしれない。」ということを肝に命じておかなければならない。だから「道徳」授業を行う際、資料に出てくる人物のその瞬間の心情を読みとるべきであって、人格そのものを判断するのはやりすぎである。

結局、先生が本の中で書いていることは、テレビを見ながら番組でやっていることに対していちいち文句を言っているオヤジたちの「へりくつ」同様なのである。
〔『大学の授業』78―79頁〕

二例ともに、教科書を電車の中に置き忘れてしまっても書けるような無責任な文章である。粗大・乱雑な文章である。

私は、論評対象であるセクションを視写しながらゆっくり読むように指導する。また、必ず重要と思われる部分を引用せよと教える。

今まで、国語教育界では、実験がきわめて稀であった。

実験をすべきなのである。

例えば、次のようにである。

学習者をA・B二つのグループに分ける。

Aには、多くの教師がしているように、教材文について教師の発問をする。

Bには「みんなで検討したい『問題』を作れ。『問題』を作るために、教材文を視写しながら、ゆっくり読み考えよ。」という趣旨の指示をする。いろいろ出て来た「問題」についてB

グループで話しあい、比較・選択する。

その後、Ａ・Ｂの学習者全員に能力を見きわめるための適切なテストをする。テストの結果に基づきＡ・Ｂの授業方法を比較する。

第7章

補足的弁明と主張

小学校英語と「発問・応答」論再び

野口芳宏

宇佐美寛先生

今回の第6章の玉稿、拝読致しました。「この本の原理」は、「国語教育の諸問題について、なるべく具体的に、十分に強く明確に、考えを述べあう本です。」また、「この本を両者の論争にするべきではありません。」と書かれ、「論争ならば、相手が困るように工夫します。相手に有利な情報は隠します。話題を変えて第二戦線を作り、相手を混乱させます。『卑怯な待ち駒』（『坊ちゃん』）のような奇手も使うでしょう。」――よく分かります。有難うございます。

先生は、続けて「こういうことをしていると、両者の相違・対立を明瞭に見せて国語教育の諸問題を読者が考えるのを助けるという本質的目的からは外れ遠ざかるばかりです。」

とも書かれました。これまた、まことによく分かる御高説と存じます。もともと、私は、先生の御高書を拝読しつつ、多くの御教示を戴いている身でありますから、努めて「素直に」拝読し、多くの学びを戴き、感謝申し上げております。これは、私の「拝読の原理」とでも申せましょうか。

ただし、研究者としての宇佐美先生の立場からのお考えに、現場の実践者の一人としていささか「腑に落ちない」「分かりにくい」「これは釈然としない」「これは違うのではないか」と、いくつかの点で私なりに感ずるところもありますので、それを「素直に」申し上げ、さらに先生のお考えを伺い、私の「不備、不足、不十分」な理解を補いたい、というのが、そもそもの本書執筆の原点でありました。今回のお便りによって、改めてその原点を確認した思いです。続いて管見を記したく存じますので、どうぞ、よろしく御教示の程をお願い申し上げます。

1．児童文化の「功利優先」「商業主義」が招いた低俗化

「本を読まない子の現実」について、私が「敗戦後すっかり『商業主義』と『功利優先』

に堕してしまった。」と考えたことについて、宇佐美氏は「粗い概括である。」として、次のように言う。

> 敗戦から七十年という長期間を一色で説明することは出来ない。要因に着目して、時代・段階を区分すべきである。（中略）昭和二十八年以後のテレビの普及に着目して一段階を区切ることも考えられる。
> （１０３—１０４頁）

「本を読まない子」は、やがて若者となり大人となるのでそのまま「本を読まない若者」、「本を読まない大人」、「本を読まない教員」と置きかえることもできそうである。それらの「要因」に着目して、私には、「時代・段階を区分」し、分析的に述べるつもりはなかった。だから、「粗い概括」にはなったが、あの程度の述べ方で当面はよかったと今でも考えている。「粗い」のは望ましいことではないにしても「概括」は必要である。「鎌倉時代」「平安時代」という区切りも「概括」の一つの区分法であり、「戦後七十年」も一つの区分法による概括である。その概括は「一色で説明できない」から「区分すべきである」という立場を私は取らなかったので、「商業主義」と「功利優先」という要因の概括をしたまである。

「商業主義」と「功利主義」は、私の場合はほとんど類義と考えている。「功利」を優先するので「商業主義」になるからだ。敗戦に至るまでの児童文化の出版には、将来の大日本帝国を担う立派な「日本人」の育成という暗黙の大義が根底に共有されていたと私は考えている。むろん、出版も一つの企業だから利益を上げていかねばならないが、そのことよりも「誇り高い日本人」を育てる枢要な事業の一つとして出版を手がけるという気概があったと私は考えている。典型的には、「講談社の絵本」シリーズがある。この絵本は、ただの絵本という言葉ではなく、「講談社の絵本」という社名を冠して呼ばれていた。超一流の文学者、作家が文章を書き、超一流の画家が、心血を注いで絵筆を振るった。今でも一部復刻されているが、それらを見ると大人の絵にしても子供の絵にしても、その表情や衣装が凛々しく引き締まって美しい。見るほどに惚れ惚れとするような名画であり、読むほどに心が豊かになる名文であった。売れに売れた絵本である。よく売れたというのは、よく普及したということであり、それは、時と人のニーズに合致していたということである。同社の『少年倶楽部』『少女倶楽部』も、売れに売れた子供向けの雑誌である。その内容は、子供向けとは言え、「日本人育成」「大和魂」「大和撫子」への憧れを促す大人の願いが込められていたと思うのだ。

今や代表的な大出版社の小学館の社名は「小学館」であり、そのロゴマークは少年と少女が机を挟んで向き合って座り、本を読んでいる絵である。小学館の源流は子供の教育雑誌の出版である。「教育は国家百年の大計」と言われるが、そこへの着目と気概が根底にあって現在の大を成した出版社と私は考えている。同社の創刊第一号は『小学五年生』『小学六年生』の二冊である。これに続いて出た学年別児童雑誌『小学○年生』も、昔は非常によく読まれていた。小学校に入学すると、その祝いには必ず『小学一年生』がプレゼントされたりしていたほどである。

現在の子供向けの雑誌は大方が漫画本である。見るからに華やかで、楽しそうではあるが、私から見るとなんとも軽々しく、チャチで、とても手にとってみる気は起こらないし、買ってやろうとも思わない。

なぜそうなったのか、と言えば、「功利優先」の「商業主義」という「粗い概括」に落ちつかざるを得ない。昔日の出版は、「良書」なるが故に喜ばれ、広く読まれ、買われ、結果として会社の発展を助けた。目的は「良書」の出版にあり、結果として会社の利益になったのである。それは、「啓蒙主義」「人間開発優先」の理念に基づくと言ってもよいだろう。

現在の子供向け出版物は「功利優先」、つまり「売れればよい」「売れなければ駄目」「儲けなくては始まらない」という「目的」が優先し、その目的に直結した「子供に阿《おもね》った興味本位」の出版が幅を利かせている。それらの低俗出版物の本で育つ子供たちの低俗化は避けられまい。何とも残念なことである。

たまたま手許に、講談社の絵本の復刻版『新・講談社の絵本　四十七士』がある。その巻頭に山藤章二氏が「骨太の絵本」という一文を寄せている。その終わりに近い一節を引いてみたい。

> 一枚一枚、じっくりと見入る。
> まず、絵の格調の高さにおどろく。圧倒される。いまの感覚でいう〝子供の絵本〟のレベル、画質ではない。
> 正当な日本画であり、一幅の絵画である。
> 「お子さま用」の甘さはみじんもない。本物を見せて、「大人の世界について来い!!」といった毅然たる態度が全巻をつらぬいているのである。絵本だけのことではない。

社会・文化・教育全般にわたって昔は骨太だった。世の中全体にカルシウムがゆきわたっていた。

見終わって、小さい時からこんな〝本物〟を見て育ったことを、有難いと思った。


見事な文章であり、全く同感、共感の思いを深くする。

このような児童出版が「昔日の日本」の一つの通念であり、良識であったのだが、今はそれらが影を潜めてしまった感がある。そのような児童出版文化のゆるみや崩れが「本を読まない子」を育てることの遠因になっているのではないかと思うのである。この要因について次節でも考えてみたい。

2. その背後にある占領政策という「遠因」

「しかし、これは意味不明である。」と宇佐美氏が述べている対象である私の文章は「遠因としては米軍の占領政策も否定できまい。曾《かつ》ての誇り高い日本人の魂はすっかり影を潜めてしまった感がある。」という箇所である。続けて「米軍の占領政策のどの部分が、何ゆえ遠因になっていると言えるのか。この問いに答えるのに必要な情報が無い。／つまり、野口氏が独りで何か考えているらしいという推測が出来るだけである。」と宇佐美氏は述べている。何とも、恥ずかしく、申し訳ない思いだ。

「遠因としては米軍の占領政策も否定できまい。曾《かっ》ての誇り高い日本人の魂はすっかり影を潜めてしまった感がある。」と私が書いたのは、日頃そのような思いが私の頭を領しているので、ついつい呟きのようなつもりで書いてしまったのだと思う。だから、「遠因としては」であり、文末も「否定できまい」という推測の形にしたのである。

それにしても遅ればせながら、ここで拙文の「不備、不足、不十分」を若干補い、意中を解してもらいたい。マッカーサー元帥を頂点とするＧＨＱの「占領政策」の根本は、「二度と再び日本が世界の脅威にならないように」「日本人の洗脳」をし、「精神的武装解除」をなすことにあった由である。換言すれば「日本の弱民化」「大和魂」の破砕による民族軟化を目指したのだ。それを、決してあからさまにはせず、「民主化」「平和志向」「自由、平等」などという美しいスローガンの下に、「新生日本」に憧れさせせつつ導いたのが「占領政策」である。巧みな占領政策によって、日本人はいつの間にか、すっかりアメリカの術策の中にはめこまれ、曾ての日本人の「誇るべき美徳」までをも失うことになってしまった。少なくともそういう一面があることは否めまい。だから「遠因」と言うのである。

「誇り高い日本人の魂」について宇佐美氏は、「安倍晋三首相の言動」を挙げ、「悪しきモデルを生々しく見せられているのである」と述べる。また、宇佐美氏がミネソタ大学への留学時代に「ほぼ同世代の学生から日本による占領の様子を聞かされ、つらい思いをした。」として「日本自らがこんな占領をしていて、どう、何ゆえ誇りを持ち得るのか。から威張り・から元気に過ぎない。」とも書いている。そのような見方も「日本人洗脳計画（ＷＧＩＰ）」の成果の一つではないかと私は思うのだが、そのような両者の考え方の差異は、読んだり、見たり、聞いたりしている「情報」や「状況」の種類や質によって生じるものではあろう。

日本国という国家の将来を考え、有能有為な国民育成を目指すという大義を忘れ、目先の利益や人気に心を奪われている現在の日本社会の在り方を最も喜んでいるのはアメリカではないかとも密かに考えている。そのような弱体化された日本人、つまり「誇り高い日本人の魂」が崩壊、溶解している現状こそ、占領政策の大成功ということになるのではないか。その意味でなら宇佐美氏の「私は、なかなかの出来であり、『敵ながらあっぱれ』だと思っている」という言葉に賛同せざるを得ない。ただし、「残念ながら」である。

日本人としての誇りや自覚を忘れた子供達、若者、大人が大義を忘れ、自堕落になるのは自然であり、そのようなゆるんだ精神が、結果として「本を読まない」という現象を生んでいるのではないか。両者は「直結」している訳ではない。有形、無形に相関を生じている、と私は見たい。自らの国の過去に自信と誇りを失うことは決して良いことではない。どこの国の国歌も、自国の誇りと希望を高らかに、そして強烈に歌い上げ、国民としての愛国心を昂揚していることもその一例である。

ところで、第6章の冒頭、敬体文の終わりの部分にある「この本は、読み書きの学習指導の問題を中心に展開する運びになっていますから。」という原点に立ち戻れば、これ以上政治的な議論を続けることは適切ではないと思われるのでひとまず筆をとめたい。「両者の違いが有るから、読者は、思考を刺激されます。読者が、どう考え、どんな結論に到るかは、読者各自の自由です。」というお考えに従いたく思う。

3.「発問・応答」方式授業の価値再論

「II　経験」の終わりの近い所で、宇佐美氏は次のように書いている。

このような教師と学習者（もちろん広く児童・生徒・学生）の間に行なわれる発問・応答という経験の効果を私はあまり信用していない。すでに述べたように、今まで教えてきた学生の文章を読む能力が、かなり劣弱だからである。（112頁）

「このような教師と学習者」の「このような」が、「ろくに読書をしていない教師」と「日ごろ十分な量の読書をしていない子ども」を指しているとすれば、そこで行われる「発問・応答という経験の効果」は「あまり信用」できないのは当然だ。「ろくに読書をしていない教師」の「発問」の大方は、低劣かつ無意味、無益の愚問だらけであろうからだ。また、「日ごろ十分な量の読書をしていない子ども」の「応答」は、思いつきや見当外れの出まかせにもなるだろうから、その「経験の効果」が「信用」できないのも当然ということになる。

「このような」の指示内容が、「あい異なる二種の経験」つまり、「自分で文章を読むという経験と他者である教師の発問の言葉を解釈し答えるという経験」であるということになると、少し事情が異なってくる。再論になるが一実践者としての「発問有用論」を述べたい。

「発問」のない授業、あるいは「問いのない教育」というものは私には考えられないことだ。発問をされることによって、子供の読みが深められていく事実についての最初の驚きと感動は、倉沢栄吉先生の『読解指導』（朝倉書店刊）を読んだ折のことである。

教材は、アンデルセンの「裸の王様」である。子供はこの寓話を面白く楽しんで読み終えるのが一般であろう。それが、すぐれた発問によっていっそう読み深められている様子が見事に描かれていることに私は強く心を打たれたのである。

その授業は、「このお話の中で一番愚かな者は誰か」という問いで貫かれていく。子供達の多くが「王様だ」という考えで一致する。そこで教師は、「そうだろうか」と反問し、王様が見えもしない衣装を「見える。すばらしい」と言うのは、そうしないと、「自分の地位にふさわしくない者」か、「手におえない馬鹿者」ということになり、王の地位や名誉を失うことになるからだ、ということに気づいていく。これは、王の立場や状況、心情をより詳しく読み取ることによって分かってきたことである。子供達は、「王様が嘘をつくのは仕方がない」「無理もない」「馬鹿ではない」と考えを変えていく。

「では、一番の愚者は一体誰なのか」と教師は再び全体に問う。子供らは、「大臣だ」と答える。「では、なぜ王でもないのに大臣たちは『見える』『すばらしい』と嘘を言ったのだろうか」と教師が追いこむ。子供らは再び本文を詳細に読んでいく。すると、「自分達の大臣というポスト、地位」がなくなりかねない、ということに気づき、王の場合と同様に、大臣の虚偽もまた「無理からぬこと」と読みとりを変えていく。

これは、発問されることによって読みを深めていく好例とは言えまいか。私はこのような授業のありようから「発問の生産性」という言い方をしている。問われなければ、単に「面白い話」で終わってしまったであろうことが、問われることによって自分のそれまでの解の浅さに気づき、今までは考えなかった読みとりに導かれていくからである。もし、教師の問いがなければ、子供はこのような読みとりの成長、深化には至るまい。「問われて気づく」「問われて初めて見えてくる」ということこそが「発問の生産性」であり、発問が有用、有益であることの証である。

このとりまきである大臣たちの「おべっか」にもそれなりの理由があっての判断だと読みとれたところで教師は同じ問いを三度子供らに投げかける。「一番愚かな者は一体誰なのだろう」と。残るのは、王様の行列を見る民衆しかいない。子供達はここに至って「格別の地位」や「重要な名誉」も持たない民衆が「裸だ！」と言ってもいいはずだということに気づき「一番愚かなのは大衆だ」というところに読みを変え、深めていくことになる。

結局、本当のことを言ってのけたのは、あどけない一人の子供であり、それこそがアンデルセンの言いたい、純真さへの畏敬と考えてよいだろう。

この実践記録を読んだのは新卒の頃で、それはもはや六十年もの昔のことになるのだが、今もってその折の感動は鮮明である。このような授業によって子供は文学を深く読み味わう芽を育ててもらえるのか、と眼から鱗が落ちる思いを味わった。このような問いを生める教師になりたいものだと心底思った。

もともと、児童文学、子供のための読み物、童話という作品は、子供の力だけで十分に読み味わえるように作られ、書かれているものである。大人の助けを必要とせずに楽しめるのが童話であり、児童文学の本来である。いわんや、教科書に教材として載せられ、教師による授業の形で作品が読まれるなどは、作者としては考えてもみないことであろう。その意味では、作品が授業として扱われるのは不自然なことと言えよう。それを敢えてしようというのであるから、それだけのメリットがなければならない。その点で「裸の王様」の授業の発問は見事な成果を挙げている。私はこれを「発問の生産性」と呼んでいるが、あの発問に出合うことがなければ、あれだけ深い読みはできなかったと思う。教師のいない、子供だけの読みとりではあそこまでの、読みとりの高まり、深まりは期待できなかったのではないか。これこそが、授業の価値、発問の生産性と言えるものであろう。

前にも述べたことだが、右のように「発問の生産性」を高く評価する私にとっては、次のような宇佐美氏の考えにはどうも賛同しかねるし、納得がいかない。氏の指摘について管見を述べたい。

ア、発問によって行なわれる授業というものは、不自然であり、きゅうくつで不自由なものである。「この問い以外の道は考えるな。」という「かくれたカリキュラム」で子どもの思考を束縛しているのである。思考を狭い範囲に閉じこめているのである。

（『国語教育を救え』51頁　以下の引用は同書）

イ、「読めばいいのだ。」と垣内松三（『国語の力』）は言う。自力で多量に、あるいはくり返し読むのだ。

誤読や読み落しも有るだろう。ほっておく。たくさん読めば、そのうち読めるようになる。わかってくる。大事なのは、自力で読むことだ。

（同52頁）

ア、の「不自然であり」という指摘には賛同できる。子供のための読み物という性格上、確かに教師の介入は「自然」ではない。しかし、「きゅうくつで不自由なものである。」とは言えまい。「裸の王様」の授業における前向きで意欲的な子供らの読み深めは「きゅうくつ」でも「不自由」でもない。教師の「発問」という外発的な働きかけを契機とした活動ではあるにしても、そのことによって途中からの活動はむしろ「意欲的」「自主的」「主体的」である。そうなっている。このことによって、「発問」の「有効性」「教育的価値」の存在は自明ではないか。

子供の読みとりにおける「誤読」や「読み落し」を「ほっておく」訳にはいかない。何もしないで「ほってお」いて、「そのうち読めるようになる」という楽観的な考え方には与《くみ》することができない。そういう考え方を、学校現場では「活動主義」と言っている。「活動さえさせておけばいい」という呑気で無責任な考え方である。「活動あって指導なし」「授業あって教育なし」とも言われる。この考えを極端に進めれば、学校も、指導も、教育もいらなくなる。そうはいかない。

発問によって、「子どもの思考を束縛しているのである。」「思考を狭い範囲に閉じこめているのである。」という考えも、私は違うと思う。「束縛」や「閉じこめ」どころか、教師は発問によって子供の視野を広げ、広い世界に出合わせているのである。優れた発問は、子供の思考を、広げ、深め、高めるのに大きな貢献をしているのである。

次は、私の実践である。「発問」の優位性、生産性を語る時にしばしば引用、紹介しているものである。教材は、トルストイの「人間にはどれだけの土地が要るか」という寓話的な作品である。

主人公のパホームは「貧乏人の子沢山」の家庭の主人で、金のないことにいつも困っている。「土地さえあればいくらでも働けるのに」と常に考えているところへ「耳よりな話」が舞いこむ。何でも「欲しいだけの土地が貰える所があるらしい」ということなのだ。パホームは、その話の土地に大きな希望を抱いて出かける。「これで女房も子供も幸せにしてやれるぞ」と思うと、パホームの足は軽かった。何日かの旅を続けてその土地に到着する。噂の真偽を確かめると、そこの長《おさ》が答える。

「間違いありません。日の出から、日の入りまでの間に、あなたが歩いただけの土地をあなたに差しあげます。ただし、日没までに帰りつかないと、土地は一片もあなたのものにはなりませんよ。」

パホームは、噂どおりの話だったと喜んで、その夜は早めにぐっすりと眠り、翌日に備えた。日の出とともにパホームは目を覚ますと、出発の地点に出かけた。村の長を始め、何人かの役人に手を振られ、彼は、元気いっぱい「自分の土地」を手に入れるべく歩き始める。パホームの胸は希望で膨らんでいた。「何と幸運なことだろう。夢のような話だ。」と何度も思いながら、彼は歩きに歩いた。日はまだ出たばかり、お昼にはまだかなりの時間がある。やがて昼が近づき、パホームは自分が曲がる第一の角に目印を立てた。一休みして再び歩き始める。気がつくと、日はやや西に傾いている。そろそろ第二の目印を立てようか、と思いながら、まだ十分にある体力を考え、もうちょっと歩いてからにしようと考え直す。少し歩きすぎたかなと思った地点に曲がる第二の目印を立てた。「少し早足で歩けば間に合うだろう。まだ、日没までには十分な時間があるのだから。」と、パホームは自分で自分を励ましながら、出発の地点に向かって歩き出す。

ふと気がつくと、意外に太陽が低くなっている。「急がねば」と思ったパホームは足を速めた。太陽は、また低くなった。汗を拭きながらなおも歩を速めた頃から、パホームは上着を脱ぎ、やがて走り始める。日はさらに低くなっている。焦りながら、上着を捨て、走りに走った。やがて、自分の帰りを待ち、手を振る村人のシルエットが見えた。パホームは、間もなく没するであろう太陽を見る暇もなく全力で走りに走った。そして、あの出発の地点に着いたその途端、日は没し、パホームは昏倒し、息絶える。村人らは、残念そうにパホームを見つめ、スコップで小さな穴を掘り始める。村の長が、気の毒げに呟く。「あなたに必要な土地は、この小さな穴の広さだけだった。」

この話を、私は自分の語りで子供達に聞かせたのだが、子供らは吸い込まれるように聞いていた。語り終えた後の沈黙に、子供達の感動が読みとれた。その余韻を楽しんだ後で私は、二、三人の子供に一言ずつ感じたことを言わせた。子供達の感想は、「パホームは欲のかきすぎ」「パホームは愚かだ」「早く曲がればよかったのに」「欲張りだから罰が当たったのだ」というような、パホームへの否定的な考えが多く、それにまた多くの者が賛同した。さもありなん、と私は思った。

これが「指導以前」の子供らの状況、実態である。放っておけばここで終わる。これはいわゆる「読後」の反応ではない。私の語りを聞いた後の反応であるから、正確には「聴後感」だが、ここではさほどの問題にはなるまい。子供の受け止め方は、ごく自然なものであるが、「文学」の受けとめ方としては浅いと私は見る。「感情移入」に欠ける。作品の外側から、冷やかに、傍観者風に、道徳的あるいは教育的に裁く姿勢が気になる。「人間理解」に欠ける、文学的認識とは遠い。私はそのように評価する。

そこで次のような「発問」をした。「パホームは、愚か者だろうか。本当にそう言えるのだろうか。」この問いをめぐって、どのような話し合いが持たれ、進行したのか。それは、次の子供の作文に語ってもらうことにしよう。これらは、いずれも「〈聞いた話〉についてのメタ認知」ということになる。かかるメタ認知の交流によって、自分の本物の認知に変化が生ずる。この「変容」は本物であり、メタではない。メタ認知を手段として用いたからといって、本物の「変容」が貶められる訳ではない。

文例①

心に残る一時間

——トルストイ民話の話し合い——

六年生　A児

初めに、先生が、この話しをしてくださった時、「なんて馬鹿な男なんだろう。」と思った。それは、「あんなによくばって。」と思ったのと、「たった直径一メートルの穴だったじゃないか。最後に自分のものになったのは。」と思ったからだ。

「もう二メートルも早く曲がればよかったのに」、それに、「最後は、どうせ死んでしまったじゃないか。」と思ったからだ。みんなもそう思っていた。

そして話し合いが始まって、「馬鹿だ。」という意見と、「あわれだ。」という二つの意見が出た。もう最初から、「馬鹿だ。」と言う意見が、あっとう的多数であった。

先生がわけをきいたので、私が手を挙げると、私がさされた。それで、この男が馬鹿だと思うわけを言うと、全員が同じ意見になって、いよいよ「馬鹿だ。」ということになってきた。

ところが次の時間、先生が、

「本当に馬鹿だろうか。」

という問題を出した。私は、「あたりまえよ。馬鹿な男だわ。」と思っていたのだが、ある人が、「馬鹿ではないかもしれない。」と言った。

私は、もう一度考えた。考えているうちに、馬鹿ではないかもしれないという意見にもなってきた。この男は、びんぼうだったので、少しでも多く歩こうと思う気持が、でてきたのだ。そして、なんだか馬鹿でないような気もしてきたのだが、やっぱり「馬鹿だ。」という意見もあって、わからなくなってきた。

するど鈴木さんが、

「もし私がこの男だったら、きっとこの男のようにした。」という意見を出した。私は、「そうだ。この男はあたりまえだ。私も、きっとそうなったろう。」と思って、今までの自分の意見の、間違いがわかった。

その後、みんなの話し合いで、

「やっぱり馬鹿ではなく、ごくあたりまえの男だ。」ということになった。

もし、この話し合いがなかったら、私は、「この男は馬鹿だ。」ということにしていただろう。

この話し合いがあったから、私は、自分の意見の間違いを見つけて、とってもよかったと思う。初めの意見とどんどん変わって行き、最後には、まるっきり、ぎゃくの意見になってしまったのだから……。

この話し合いは、とっても面白かった。自分の間違いを見つけられたことが何よりもよかった。話し合いをすると、とてもいいと思う。「話し合いをして、よかった。」と思った。

文例②

わたしを変えた話し合い
――心に残る授業――

六年生　B児

トルストイの「人間にはどれだけの土地がいるか」という物語を先生に話してもらいました。そのあとで、とうとう土地を手に入れられずに死んでしまった主人公のパホームについて話し合いをしました。

最初、わたしは、「この男、ばかだなぁ。もっと早く曲がればいいのに。」と思っていました。ほとんどの人が、そのように思っていたのです。ところが、二、三人の人が、「こうなるのもしかたがない。」「パホームはかわいそうだ。」という意見を出しました。

その人たちは、「もっと早く曲がれと言うけれど、たくさん歩けば、歩いただけたくさんの土地が手に入るんだから、そんなに簡単には曲がれないと思う。」と言うのです。

わたしは、それを聞いて、「そういえば、そうかもしれない。」と思うようになってしまいました。もっと早く曲がればよかったのだ、ということは、確かに後になれば言えることですが、その場にわたしがいたとしても、はたして、ほんとうにそのようにできるかと考えてしまったからです。わたしも、やっぱり、曲がりはしなかったかもしれません。もう少し、ほんの少しでも歩けば、それだけ土地がよけいに手に入るのですから。そして、ふだんのわたしには、確かにそういうところがありますから。

わたしは、ここまで考えてきて、思いきって自分の考えを発表しました。

「パホームをばかだと言うのは、自分をばかだと言うことと同じだと思う。」と言ったのです。すると、先生が、

「あなたにも、パホームのような欲の心があるということですか。」

と言いました。わたしは、ちょっと、どう答えようかと迷いました。が、

「あると思います。」

と、少し、ふらふらしながら答えました。

後で、先生が、

「文学作品については、頭だけで考えずに、心で考えることがたいせつだ。」

という意味のことをおっしゃいました。つまり、この話では、頭だけで考えれば、「パホームはばかだ。」ということになってしまうが、心で考えると、「人間にはみんな欲

があり、その欲をおさえることはやさしいことではないので、パホームのとった道も、しかたのないことであり、それだけにあわれな人だったのだ。」ということになるのです。
わたしは、これまでの勉強の中で、頭だけで考えていたことが、ずい分多かったように思います。あの一時間の勉強で、欠点が一つ減ったような気がします。まだ、完全ではありませんが、心の中では、なるべく、そのように努めていこうと思います。ためになった一時間でした。

いずれも、『野口芳宏著作集　第9巻　ジャンル別作文指導の改善』（一九九〇年八月　明治図書刊）の、19、97頁からの引用である。文例②については次のような解説をしている。

毎日毎日繰り返されている授業の中から、とりわけ心に残った一時間をとりあげて感想を述べた子供の作文である。この一時間は、B児にとって大きな変容をとげたものであったと言う。

我欲に目がくらんでそのとりこになり、ついには自分の命を落としてしまうというパホームの物語は、一見愚行そのものである。冷静に見れば何とばかばかしい生きざまではないかということになる。パホームはまさに愚かであったといわざるを得ない。

しかし、この授業では「発問」によってそのような見方そのものをもう一度根底からゆさぶってかかったのである。愚行としか言いようのないパホームの行動が、実はわれわれ一人ひとりの日常生活の中に、あるいは、心の隅にたとえわずかであっても同居している事実を発見していくのである。そして、その発見に立ち至ったとき、もはやパホームを第三者的に論評してはいられなくなってくるのである。パホームは、実は自分自身の投影であることに気づいたB児は「パホームをばかだと言うのは、自分をばかだと言うことと同じだと思う。」という発見に至る。

そして、やがてパホームという一個人は万人共通に具有している欲望の典型であることに気づいていき、人間存在そのものの哀しさに思索の目を向けていっている。B児は、このことを、「人間にはみんな欲があり、その欲をおさえることはやさしいことではない」と述べている。

物語の中の人物の言動が実は自分自身の投影であることに気づいた彼女は、観念的思考ではなく、実感に根ざした思考のたいせつさを感得したのである。

前にも述べたことだが、「問われて気づく」「問われて初めて見えてくる」という経験はよくあることだ。ぼんやりと、漠然と見たり聞いたりしていることが日常的には意外に多い。それを古人は「見れども見えず。聞けども聞こえず」という言い方で示している。

五年生の修学旅行の引率で十国峠に登った時のことである。山頂の涼風に当たりくつろいでいると、校医の平田篤資先生に「野口君、何が見えるかね。」と問われた。何が見えるか、と言われても何を答えればよいのだろう。私はためらいがちに、「空も、雲も、山々も見えますが――。」と間の抜けた返答をしたところ、平田先生は、「そうか。それは、マクロの見方だな。わしは、さっきから、この頂上に咲いているりんどうの紫の色に強く惹かれている。これは、ミクロの見方だがねぇ。」と言われて、またりんどうの花に眼を向けられた。

そう言われて初めて私はりんどうの花が咲いていることに気づいた。言われてみると、その紫の色の清澄さは、下界で見るそれとはまるで別物のように見えてきた。「何が見えるか」と、問われて初めて気づいた新鮮な感動だった。「発問」による「功」の、これも一つであろう。

4. 小学校英語「消極的賛成」が野口の立場

小学校の高学年に「英語科」が教科として新たに登場する。これは文科省の方針であるが、賛否両論があり、宇佐美氏は新設に反対の立場を明確にしている。私は、英語科の新設についてはは「消極的賛成」という煮えきらない立場をずっととり続けている。その理由について以下に述べ、御批判、教導を賜りたい。

まず「賛成」の前の「消極的」という言葉について述べたい。小学校英語の新設に反対する大きな理由として「外国語教育の前に母国語教育の充実を」ということがよく挙げられる。総論、原理論としては私もその通りだと考えるが、各論、実践論のレベルになると少し考えが違ってくる。

現在の小、中学校の国語科教育、とりわけその授業の現実を見るに、今のような授業を継続しても「国語学力」は決して高まるまいと考えるからだ。「今のような授業」と書いたがこれは決して今に始まった傾向ではなく、むしろ「ずっと昔から今に続いている」と言うべきかとも思う。それほどに「国語科の授業」は効力感に乏しく、積極的な学力向上に貢献しているとは思えないのだ。むろん、これも「粗い概括」であって、全ての国語科授業を「一色」に染めることはできまいとは承知の上だが。

私の眼から見たこのような、効力感や貢献度に乏しい国語科の授業をこれ以上続けていくことには、残念ながら賛成できかねるのだ。どれほど多くの国語科の授業を見てきたことだろうか。その中で、「なるほど、この授業は国語科の学力を形成している。高めている。」という授業には滅多にお目にかかれない。大方が、すでに子供に分かっていることの「なぞりと確認」に終始している。そこには、開発的、生産的な授業の具体的な成果が見えないのだ。

反対に、現在の教室で行われている授業の大方が、開発的、生産的な具体的成果を見せているとしたら、英語科の小学校への導入には私も反対の立場をとるかもしれない。母国語の実力充実を目指す学習は、外国語のそれよりもはるかに重要であることは言うまでもない。日露戦争に従軍した私の祖父は「日本人は、日本語がしっかり話せればいい。外国語が必要な時には通訳をさせればいいのだ」と言っていたそうだ。この祖父というのは、私の父の恩師でもあり、陸士の出身で陸軍大尉にまで進んだが、思うところあって軍籍を退き、早稲田大学の法科に入る。卒業後は、千葉県師範学校で教練を教え、そこで学生であった父との出合いが生まれる。父はこの先生を生涯の師と仰ぎ親炙《しんしゃ》していた。私の生母は、三十二歳の折に十歳の私と四歳の妹を残して病死した。昭和二十年の四月である。父に召集令状が来ればすぐに出征せねばならない。父は残された子供の面倒を見てもらう母として恩師の娘を所望し、恩師はこれを諾して下さったのだ。

いささか私事に亘《わた》ったが、その、大恩人であり、恩師である祖父の「必要な時には通訳をさせればいいのだ」という言葉は、父からのまた聞きではあるが、私には非常に頼もしく聞こえたのを覚えている。「日本人としての誇り」とも「日本人としての見識、矜持」とも解される。それぐらいのプライドを持ちたいところだが、時代は変わった。今や国際的な公用語として英語の地位はぐんと高まっている。我々の日常生活の中にもふんだんに英語が入ってきている。パソコンの用語など、ほとんどが英語と言ってもよいだろう。

また、在日する外国人、あるいは外国からの観光客やビジネスマンも大変に多い。「通訳させればいい」という時世ではなくなりつつある。高校二年生の甥は、昨年フィリピンで仲間と英語による研究発表をしてきたそうだ。また、幼児、小学生の頃からホームステイを経験し始めてもいる例は少なくない。簡単な「英語は話せる」というだけでも、ずいぶん楽しいだろうし、便利なことであろうと思う。そのような力をつけるための英語力を小学生の頃から学ばせようという考えは時代に合ったものだと私は考えている。これが、英語科の小学校導入策に対する私の「賛成」の理由である。

5.「焦点精査法」による授業改善

国語学力の形成という視点から見たら、今のような効力感に乏しい国語科の授業時間ならば、多少減らしても実害はあるまいとさえ私は考えている。つい先日、私の主宰する「鍛える国語教室研究会」（略称　鍛国研）の北海道のメンバーと、ちょっと風変わりな勉強会を持った。宇佐美氏が低劣な教材と考える「海の命」をとりあげて、日曜日の朝の九時半から夕刻四時半まで、かなり綿密、入念な「素材研究」「教材研究」「指導法研究」のそれぞれについての提案と議論、討論をした。そして翌日の月曜日に四時間で指導を終了すると決め、「鑑賞指導」の授業を二人リレーで行った。この試みは次のような考えに基づいて行われたものである。

ア、児童文学の作品は子供の読み物として、子供の力だけで読みとれるように書かれている。教材として、授業をされるために書かれたものではない。

イ、その作品を授業するのだから、「放っておけば」読み落としたり、読み過ごしたり、分からないままに終わったり、読み誤ったりするかもしれない「不備、不足、不十分」な部分だけを取り上げて教えればよい。つまり、「教える必要のあるところだけを教える」「教えなくてもよいところは教えない」という「焦点精査法」による授業に徹する。

ウ、焦点精査法による授業は、①学力形成第一に、②少ない時間数で、③子供の向上的変容を保障し、④子供が集中して考え、⑤子供が喜び、充実感を味わうものでなければならない。

第一時は、場面一、二を扱う。授業者は、柳谷直明校長（日本言語技術教育学会会長）
第二時は、場面三、四を扱う。授業者は、冨樫忠浩教諭（同右学会事務局長、学級担任）
第三時は、場面五（山場）。授業者は、野口芳宏（同右学会理事、植草学園大学名誉教授）
第四時は、総括授業。授業者は、冨樫忠浩教諭

この研究会についての簡潔な野口の所感を書面でと求められることがあったので、全文を引用する。

「焦点精査法」による「海の命」（光村、六年）の研究的「リレー授業」の所感

子供達は四時間続けて鑑賞指導の授業を受けた。どの時間も子供らは集中していた。飽きたり、崩れたり、たるんだりした姿は見られなかった。日頃の授業で鍛えられている成果と見る。正直かつ率直な第一の印象である。

次に、四時間で終了するという「焦点精査法」による授業であったが、一切が終了した時点では「指導不十分なところはない」という思いを抱いた。「四時間で十分だった」「これでよい」という確信に近い思いである。むろん、完璧な授業など存在すまいことを思えば、見方によってはいろいろの指摘が生じようとは思う。だが、それは、どんな授業についても言えることだ。

「教えなくてはいけないところ」「教えるべきこと」が精選されており、その指導は納得できるものであった。それは、「素材研究」「教材研究」「指導法研究」のそれぞれが十分になされていたことに支えられていたからだと私は思う。

このように書くと「どこがどう十分だったのか、具体的に分からない」と思われるだろう。当然である。いずれ、この四時間の展開の詳細がまとめられることになって

いる。また、終日に及んだ前日の「綿密、入念な素材研究、教材研究、指導法研究」の詳細も併載される予定なのでそれらを参照されたい。関心のある方は「鍛える国語教室研究会」(略称　鍛国研)の検索が便利である。

さて、所見の第三である。「焦点精査法」はざっと二十年ほど前から鍛国研が主張している方法だが、現場への広がりはほとんどない状況である。現場では相変らず「教師用指導書」の内容、展開例を至上の教本とし、そこに書かれた「配当時数」に従って実践がなされている。

この「配当時数」はどのように決められているかという原理はあまり知られていないらしい。端的に言えば、配当時数を決めているのは「財務省」なのだ。教育予算は財務省が決定する。その予算を「教科書」に振り分けるのは文科省だ。予算に従って教科書会社では教科書の規模を決める。ページ数、カラーページ、図表や絵の数、紙質などの全ては予算で決まってくる。そうしてでき上がった教科書は、「一年間でちょうど使い終わるように」指導時数を配分する。これが授業の「配当時数」である。つまり、配当時数は、予算によっても増減するのである。

われわれ鍛国研のメンバーは、教材の授業時数は「教材の難易度と子供の実態の関数」として決めるべきだと主張している。今回の「焦点精査法による四時間完結」の試みはこうして生まれたものである。ある時期、教材の長短、難易にかかわらず「五時間扱いを最大とする」と申し合わせていたこともある。

「望ましい授業」の条件として鍛国研では「必要の連続」ということを主張している。不要、無用の活動を排除し、このクラス、この子供にとって「必要」なことだけが「焦点的に」提供され続けるのが「望ましい授業」ということである。今回の「焦点精査法による研究的リレー授業」四時間扱いの試みはこれらの考え方の正当性、妥当性が確認できたという点でその成果は大きいと考えている。（了）

いささか「我田引水」の傾向もあると思われはするが、「効力感のある国語科授業」「学力形成を保障する授業」「見える学力、使える技術」の習得、体得を目指す鍛国研の授業のあり方を是非検討してもらいたいものだ。このような国語の授業ならば、英語科の授業に時間を奪われたくはない、と考える。国語の授業の充実のために応分の時数は用意されねばならないからだ。だが、現実の大方の国語科の授業は「なぞりと確認」に終始する退屈で効力感に乏しい展開になっている。だから、極端な言い方をすれば、もっともっと国語の時数を減らして「危機感」を生み、「その僅《わず》かの時数でぎりぎり教えなくてはならないことは何か」という、授業内容の精選と絞りこみをすべきなのだ。その意味では「英語」によって国語の授業時数が減ることがかえって功を生むことになるかもしれない。

ただし、「英語」を教えることが強化されすぎて、そっちの充実に心も時間も取られてしまい、いよいよ国語の授業の質が落ちるということにでもなれば、それは重大な問題になる。もし、そんなことになれば、「それ、見たことか！」と言われるかもしれない。そうはならないことを期待するしかない。だから、「消極的賛成」というレベルに私の考えはとどまる訳である。

6．英語科導入反対論を読む

次に、宇佐美氏の「小学校英語不要論」を一歩進めた「不要どころか有害なのだ」という論考について若干の私見を述べたい。

①「教科書の往復訳」は凄い教育法

新制中学校の英語教師が「英国の大学の出身」だった由。これは田舎の新制中学校では考えられないことであり、別世界のできごとの感がある。私の中一の時の英語教師は、米軍の通訳をしていた非常勤講師で大変怖い人だった。やたらに叱りつけ、教え方も乱暴で、それだけで英語の授業は人気がなかった。私は専らラジオの「基礎英語」を聞いて勉強した。講師は、東京外国語大学教授、学長を歴任された小川芳男先生でとても分かり易く、親しめる講座だった。お蔭で高校に入った時の私の英語の力はかなり高かった。というよりも他の友達の英語力が極めて低かったということだろうが、これが結果的に私の慢心を生んだようで、高校三年生の頃には私の英語力はもはや到底上位ではなかった。

しかし、曲がりなりにも中学一年生から大学の二年生までの八年間は英語の授業を受け続けた。だが、結局のところ日常生活にはほとんど役に立たないままに終わった。この度の小学校英語の導入という画期的な試みが大きな実りを生んでくれることを心から期待している。それにしても「往復訳」という徹底した教授法はぜひ一度受けてみたかったと残念に思う。

② そもそも「ペラペラ」は軽薄的態度である、という指摘は強烈

さくら社刊『教師の文章』の中の第10章について、「野口氏のお目にはとまらなかったようである。残念である。」と宇佐美氏は書いているが、私は拝読し、「ペラペラ」論から強烈に啓発された思い出がある。「英語はペラペラだよ」という言葉は、一般的には尊敬と羨望の意味を込めて使われ、通用している。私もよくこの言い方をしてきたので、宇佐美氏の「そもそも『ペラペラ』は軽薄」という指摘にははっとさせられたのだ。そこまで「ペラペラ」という言葉にこだわったことのない私自身の「軽薄」を恥ずかしく思った。日本語をペラペラ喋る日本人を、私は尊敬しない。教育評論家と称される人の中にもペラペラ派がいる。軽薄な人気をかなり集めているらしいが私は聞く気にならない。「ペラペラ」は目指すべきレベルではないのだ、と自戒したい。

③　小学校英会話は気軽に親しむレベルでよい

「〈小学校の英語会話〉は、次のように迷信・幻想で汚れている。」（『教師の文章』156頁）として、宇佐美氏は言う。

「1．英語を読み書きできても話せない人が多い――迷信である。」

一般に「読み書きできる」と言う場合、「一応は」というレベルを指している。その程度では『読める』ではない。大学卒業者の多くは読めないのである。」という宇佐美氏の「読める」観ならば、なるほど「迷信」という言い方もできよう。しかし、それは一般的な通念とはかけはなれていると思う。

「2．中・高と六年間学んでも英語が話せない――「学ぶ」というほどの学習は成立していない。」

中・高と英語の授業を受けて卒業する。授業を受けたことをごく平たく「学んだ」と言う。ただし、宇佐美氏が考えている「学ぶ」ということとは同義、同レベルではない。つまり、俗なレベルでは「六年間学んでも英語が話せない」という言い方は成立するし、通用していると考えたい。

「4．英会話でその後の英語の能力が伸びていく――幻想である。」

「普通の日本人は日本語の会話は不自由なく出来る。しかし、『日本人の混合宗教性』や『野火』を論じられるわけではない。」とある。それはその通りだが、後段の「知的・専門的内容を担う日本語の能力」を有する者でも、日本語の「日常会話」の上にそれらを築いているのだ。高度な語学力は「読み書き学習で出来る」には違いないが、その基礎、あるいは基底には、素朴な「日常会話力」がある。小学校英語は、全ての言語活動のごくごく底辺にある「その程度」のことに馴れさせ、親しませることを狙うだけでも価値があるのではないだろうか。これが、「消極的」ながら「賛成」とする私の考えである。

「こんなものを母語の教育を冷遇して教えると日本語も英語も未発達な『植民地人』が出来る。有害である。」——とも宇佐美氏は言う。「こんなもの」というのは「小学校英語」を指していると思われるが、「母語の教育を冷遇して」というところは氏の独自の意見で、おそらく文科省は「国語教育の冷遇」を考えてはいまい。国語教育は十分重視しつつ、英語も無理のない範囲で取り入れていこうという考えだと私は解釈している。「冷遇」しているつもりはなくとも、事実上「効力感に乏しい」授業が日常化しているのは、結果としては「冷遇」と言われても仕方がないとは思う。

なお、水村美苗氏の『中央公論』の論考は発売後間もなく拝読したのだが、私には宇佐美氏の論考の方がずっと強烈かつ有益であった。改めて水村氏の論考を読み返したが、感想に大きな違いはなかった。私の力の限界であろう。

第8章 〈英語〉・〈発問〉

宇佐美 寛

私の担当分としては最終章なので、言い足りない（文字どおり残念な）こと二つを書く。もちろん、黙っていたくはないのだから、批判である。しかも、底ではつながっている（流行語では「通底している」）二つの批判である。

〈英語〉について。

私は、「仰ぎ見る思いの、たいへん有能な英語使いの人」たちの本を、次のようにすすめていたのである。

次の本をお読みいただきたい。

大津由紀雄・鳥飼玖美子『小学校でなぜ英語？』（岩波ブックレット）
澤井繁男『誰がこの国の英語をダメにしたか』（生活人新書、日本放送出版協会）
山田雄一郎『英語教育はなぜ間違うのか』（ちくま新書）
茂木弘道『文科省が英語を壊す』（中公新書ラクレ、以下も同じ）
市川力『英語を子どもに教えるな』
齋藤孝、斎藤兆史『日本語力と英語力』

これらの本を読みもしないで、小学校の英語の必要を論じ得るとは、不思議である。野口氏が、ここで書くべきだったのは、大津由紀雄・鳥飼玖美子氏等の英語教育批判の引用である。また、引用した内容を野口氏自身はどう見ているかという解釈である。

それをしないで、野口氏は、これらきわめて有能な英語使いの人たちに誠意をもって対したことになるか。これらの先達に対し無礼なことである。学界では有り得ないルール無視である。必読の参考文献を示唆されたのに無視して読まないという懈怠は学界では通用しない。

しかも、野口氏は氏自身の英語の学習・使用の経験について示しているわけでもない。

要するに、野口氏は、まだ知らない英語（の学習・使用）の問題について何ごとかを書いたに過ぎない。

よく知らないことについては、書くべきではない。

〈発問〉について。

授業に出てくる前に、それまで学習者（児童・生徒・学生）は、自分自身だけの一人で読み書きしていたのである。その読み書きが誤っていたとしたら、一人の読み書きを点検・指導すべきなのである。

私は、大学の授業で、それをしていた。

学生は教科書のある部分（章・節）の内容についての論評文を提出する。私は即座に数種類の論評文をコピーして全員に配る。（この機械化時代に、提出物を即座にコピーするくらいは、すべきである。）コピーされた文章を批判し書き改めるという課題を全員に課する。

詳しくは、拙著『大学の授業』参照。（東信堂、一九九九年。現在七刷であり、かなり広まっているようである。）

このように一人読みの指導に徹しないと、野口氏の言う発問指導になってしまう。要するに問答である。「もう、一人読みを自力で点検・反省するのはあきらめよ。一人読みで見えていた教材の問題的部分を考えつづけるのをやめよ。教師が重要だと思う問題だけを考えよ。」と教えているわけである。

多くの教師は、このような発問指導の方法に頼っているようである。しかし、それでは、学習者が自分一人で読み書きする能力は、阻害され、育たない。千葉大学教育学部の学生が、何よりの証拠である。（前記の拙著『大学の授業』を見ていただきたい。実態を報告した。）彼らは、教科書のある部分を読み、論評するレポートを毎週提出する。そのレポートの粗雑・劣悪ぶりを見れば、わかる。

だから、私は彼らのレポートを全て読み、「批正スリップ」と称している紙片に正すべき点を書き込み、ホチキスでとめて返し書き改めさせる。あるレベルに達するまでは、書き改めさせる。前週、前々週の分もたまるので、私は毎週少なくとも原稿用紙五百枚以上のレポートを点検・指導していた。

教育学部長をしていた四年間は、特につらかった。学部長としての仕事は別にある。そちらも、かなり忙しい。朝から晩まで学部長室にこもっていた。

自分一人の思考によって読み書きする能力は、自分一人で読み書きする学習によって育つ。発問指導（問答）というすじ違いの領域に逃避することによってでは育たない。

発問指導の時間、子供は、いつ自分があたる（指名される）かの予測が無いから、ぼんやりしていられる。たるんで、ぼんやりしている学習者がいる授業は、その分悪しき授業である。

とにかく、私の授業では、個々の学生の一人での読み書きを指導するので、レポートはぐんと良くなる。（これも、『大学の授業』に例を出しておいた。）

教師である読者に問いたい。「あなたは、昨年度、何百枚の作文を指導しましたか。」

私は、小・中・高・大の教師たちの後始末（尻ぬぐい・アフターケア）をしていたわけである。

教師は、学習者が自分一人で自力で読み書きする一人読み・一人書きを指導する方法を工夫・開発すべきなのである。

終章

野口芳宏

宇佐美寛先生

この度の「二つの批判」の御論考を身の引き締まる思いで拝読致しました。今後の私の論考のあり方を考える上に貴重なお教えを戴きました。有難うございました。

いよいよ、この稿で私の発言も最後となります。率直な思い、考えを述べてひとつの区切りと致します。どうぞ、御清覧、御指導のほどをよろしくお願い申し上げます。

1.「参考文献」不読の理由

まず、第一の「これらの本を読みもしないで、小学校の英語の必要を論じ得るとは、不思議である。」という点についてである。私は、小学校英語については、「消極的賛成」という何とも煮えきらない立場に立っている。「小学校の英語の必要を論じ」てはいないし、積極的にそれを支持し、推進していくべきだというほどの思いも持っていない。

ただし、「今や国際的な公用語として英語の地位はぐんと高まっている。我々の日常生活の中にもふんだんに英語が入ってきている。」という事実は明らかであろう。これらの世の中の動きに対して、幼児の頃からの英語教室などの歴史もかなり長くなり、そこから英語への親しみを増して英語力を身につけた子供も今や夥《おびただ》しい数に上る。小学生、中学生の頃からホームステイの交流をしている家庭の子供は、そのやりとりのレベルはさておき、英語に負担を感じなくなっているようである。私にその体験はないので身近な見聞の域を出ない弱みは承知しつつ、早い時期から英語に親しませることの功は、それなりに認めたいと考えている。

宇佐美氏が「次の本をお読みいただきたい。」として示された六冊の本を私は読まなかったし、今も読んでいない。このことについて「野口氏は、これらきわめて有能な英語使いの人たちに誠意をもって対したことになるか。これらの先達に対し無礼なことである。学界では有り得ないルール無視である。必読の参考文献を示唆されたのに無視して読まないという懈怠は学界では通用しない。」と宇佐美氏は書いている。これは、私に対して下されたお叱りの言葉、まさに、頂門の一針であり、何とも申し開きのできない不明を恥じるばかりである。

ただし、私は尊敬する宇佐美先生がすでにそれらの「先達」の著書を十分に熟読玩味された上で書かれた「不要どころか有害なのだ」という論考を読めば足りる、と考えたのだ。それら「先達」の考えは宇佐美氏の論考に十二分に反映されているに違いない、と考えたので読まなかったのである。だから、「無視して読まない」わけではないし、「先達に対し無礼なこと」という意識もなかったのだが、それが「学界ではあり得ないルール無視」であり、「学界では通用しない」「懈怠」と言われれば、低頭、陳謝の他はない。

2. 早期教育と「ペラペラ」会話力の功罪

以下、蛇足になるが一、二の管見を加えたい。その一つは、私が読まなかった本の著者は、宇佐美氏をして「仰ぎ見る思いの、たいへん有能な英語使いの人」と言わしめるほどの「先達」の面々である。そういう人達は、言うまでもなく小学校に英語科がなかった時代に育った方々である。「小学校英語」の経験がなくとも、「仰ぎ見る」ほどの「英語使い」になれた秀才方である。私は、宇佐美氏も紛れもなくそういうお一人だと考えている。そういうトップクラスのエリートには「小学校英語」などは不要だということになるだろう。「小学校なんかで英語を習わなくたってちっとも困らないよ。」と身を以って公言できる方々なのだ。問題は、そういう力を持たない凡百の一般人に、その特例がそのままあてはまるかどうか、ということである。

ごく普通の考え方として、小さい時から、長い時間をかけて一つのことに出合わせ続けることは、その一つのことに親しませ、やがてはそれなりの力を発揮する土台づくりには大きく役立つだろうということである。将棋の世界、スケートの世界、バイオリニストの世界等々にその多くの例を見る。

「不要どころか有害なのだ」という宇佐美氏の論考（第6章　115頁）の中に次の言葉がある。

> 日常会話をペラペラ話すだけの留学生は、たちまち無知で鈍い頭の実体をさらけ出す。

たいした内容が無い日常会話をペラペラやっているだけの者と、ゆっくり言葉を探しながらでも内容の濃い話をしようと努める者とどちらが尊敬されるか。(そもそも「ペラペラ」は軽薄な態度である。何事でも、また日本語でもペラペラと話すべきではない。)

ここは、とりわけ私の好きな一節であり、全く同感である。「ペラペラ」は「軽薄な態度」だと私も思う。

全くその通りだと同感、肯定しながら、「待てよ」とも思う。どんなに重厚な発言をするような人であっても、その基底には「不自由なく言葉を操れる」力、言いかえればペラペラ力とでも言うべき習熟が存在するのではないか。あまり難しく考えず、肩の力を抜いて気軽に楽しく「ペラペラ喋れる力」を持つことも、あながち軽蔑すべきとばかりは言えないのではないか。その意味で「小学校英語」もまたそれなりの役割を果たしてくれるのではないかと、「消極的」ながら私は期待したい。英語科が小学校に「新設」されることにも、このような考えから、まずは私も「賛成」の立場をとりたいと考えている。

このように書くと、119頁にある「〈小学校の英語会話〉は、次のように迷信・幻想で汚れている。」の「4.」を再読せよ、と言われそうである。引用する。

> **4. 英会話でその後の英語の能力が伸びていく**
>
> 幻想である。普通の日本人は日本語の会話は不自由なく出来る。しかし、「日本人の混合宗教性」や『野火』を論じられるわけではない。知的・専門的内容を担う日本語の能力は、読み書き学習で出来るのである。日常的英語会話は学校での読み書き学習にはつながらない袋小路であり発展性が無い。（以下略）

ここには、「会話が自由にできるようになっても、学校での読み書き学習にはつながらない」、ということが述べられている。そういうことも言えるだろう。では、「英会話の授業を外せば、その後の英語能力が伸びていく」と言えるのか、と言えば「そんなことはない」ということになるだろう。「英会話力」の高いことが、「英語能力」の伸展を阻む、という論理にはなるまい。仮にこの考え方を肯定する人があったら、それこそ「幻想」であろう。話し言葉が文字言語の基礎であることは明白な事実であるからだ。

3. 国語科授業の改善課題

私が、「小学校英語」の導入について、「消極的賛成」という立場をとるのは、もともと「国語科教育」の実践の現実が効力感に乏しいという残念な状況にあることに起因する。国語科教育の実践が効力感の高いものに改善されるならば、「英語よりも国語の教育を！」という主張を私もすることになるだろう。

そのことは、180―181頁で次のように述べたことでも明らかである。

> だが、現実の大方の国語科の授業は「なぞりと確認」に終始する退屈で効力感に乏しい展開になっている。だから、極端な言い方をすれば、もっともっと国語の時数を減らして「危機感」を生み、「その僅《わず》かの時数でぎりぎり教えなくてはならないことは何か」という、授業内容の精選と絞りこみをすべきなのだ。その意味では「英語」によって国語の授業時数が減ることがかえって功を生むことになるかもしれない。

右の引用の始めに、「だが、」と書いてある。この逆接語は、それまでに述べてきた国語授業の事例が**『効力感のある国語科授業』『学力形成を保障する授業』『見える学力、使える技術』の習得、体得を目指す鍛国研の授業**」（180頁）という事実による。単に、現状の国語授業を批判しているだけではなく、私達はその打開策となる授業事例を具現し、提示しているのである。「このような国語の授業ならば、英語科の授業に時間を奪われたくはない、と考える。」――とも書いた。関心のある方は是非「鍛える国語教室研究会」（略称「鍛国研」）を検索し、確かめてもらいたい。私は、「小学校英語」については「消極的賛成者」であるが、国語教育の改善、改革については「積極的推進者」であると自認している。「一に国語、二に国語。三、四がなくて五に国語」と言い、『祖国とは国語』（新潮文庫）の著書を持つ藤原正彦先生のお考えに大きな力を得ている思いである。「英語力の低迷」は、英語指導の問題というよりも、むしろ「国語力の低迷の問題だ」という意見もある。国語力以上の英語力を身につけることができないのは自明であることを思えば当然の意見である。効力感のある、そして日常の言語生活の充実に本当に役に立つ国語科教育の具現に向けて私は今後とも仲間と学び続けていきたいと考えている。鍛国研へのお誘いも兼ねての思いを綴り、「小学校英語」をめぐる私の考えをひとまずしめくくりたい。

4．「発問」事例は無視？

次に、第二の「発問」論である。本書の中で最も多くのページを割いて私は「発問」の有用性を述べてきた。とりわけ第7章では、倉沢栄吉先生の『読解指導』（朝倉書店、絶版）の事例を引き、また、私の実践例を二例挙げて「発問の有用性」について、具体的、実証的に紹介をした。これらはこれまでの私の講義、講話、講演、論文の中でも紹介し、「よく分かる」「その通りだ」という大方の好評を得たものである。これらの具体的な実践事例について、宇佐美氏がどのように「引用」され、「引用した内容」を、宇佐美氏御自身が「どう見ているかという解釈」を述べてくれるものと私は期待していた。ところが宇佐美氏は、「それをしないで」相変らず、『大学の授業』の御自身の実践紹介を繰り返している。これは、「（文字どおり残念な）」ことであった、ということになる。

私が第7章で紹介した、倉沢先生の論考や、私の教室における具体的な実践事例の個々について、宇佐美氏の「具体的な」批判や分析を知りたい。そしてそれらが妥当、的確であったなら、「低迷する」国語教育界に大きな貢献になるだろう。いずれかの機会にお伺いできれば有難い。

188頁の「〈発問〉について。」の冒頭に次のようにある。（傍線は野口）

授業に出てくる前に、それまで学習者（児童・生徒・学生）は、自分自身だけの一人で読み書きしていたのである。その読み書きが誤っていたとしたら、一人の読み書きを点検・指導すべきなのである。

ここにある「点検」は、宇佐美氏が学生にさせるのであろう。点検せよ、と命ずることがここでの「指導」になると解してよいのだろうか。このような教師の側からの「働きかけ」は重要である。このような働きかけが全くないとすれば、学生の「点検」も始まらないであろう。

氏の実践の大きな特色の一つであろう「批正スリップ」には、宇佐美氏によって「正すべき点」が書き込まれている。ホチキスでそれを学生の論評文にとめて返し、「書き改めさせる。あるレベルに達するまでは、書き改めさせる。」と書かれている。ここに見られる一連の氏の「働きかけ」によって、学生は自分の論評文の不備や不足や不十分に気づいていく。氏の「批正スリップ」には、氏が「正すべき」と考える点が書かれているはずだ。

これは、ある種の「発問」ではないか。氏の求める「正すべき」ことについて点検し、書き改めさせるというのは、「教師が重要だと思う問題だけを考えよ。」と「教えている」ことにはならないのか。

発問による指導法に対して、「それでは、学習者が自分一人で読み書きする能力は、阻害され、育たない。」と氏は言う。だが、批正スリップに書かれた氏の指示に従って学生が点検して自分の文章を直すことは、発問によって子供が自分の考え方や解釈を点検してよりよい方向に変えていくこととどこが違うのだろう。

また、氏は、「発問指導の時間、子供は、いつ自分があたる（指名される）かの予測が無いから、ぼんやりしていられる。たるんで、ぼんやりしている学習者がいる授業は、その分悪しき授業である。」（190頁）と述べているが、これはかなり独断である。前の一文は特に分かりにくい。「いつ自分があたるかの予測が無いから」こそ、「ぼんやりしていられない」というのが子供の一般的な姿である。「ここであてられる」と分かっていれば、「ここ以外ではあてられない」ということにもなる。その「あてられない」時には「ぼんやりしていられる」し、「たるんで」いられるかもしれない。後文は、氏の前文を受けた断定であるが、言っている内容は当たり前のことで、格別の主張ということにはならないだろう。

5.「話し合い」を補う「書く」学習

190頁で、氏は、我々教師に「あなたは、昨年度、何百枚の作文を指導しましたか。」と問うている。それに「〇百枚です。」と答えられる教師は一人もいないだろう。氏は、そういう「作文指導」をしない「小・中・高・大の教師たちの後始末（尻ぬぐい・アフターケア）をしていたわけである。」とも書いている。

これは、「発問」による指導批判というよりは、むしろ「話し合い学習」批判という方が適切であろう。「発問」をして、子供がそれについていろいろな考え方を出し合い、そこからよりよい解を導くまでの言語活動は「話し合い」によることが多い。私もこのような「話し合い」よりも「書かせる」方がずっと深い思考に導くことができると考えている。

だから、「話し合い」だけに終始することなく、努めて「ノート作業」を取り入れた授業のあり方を私は提唱している。また、「作文力は、国語学力の総決算」とも述べ、作文指導の充実を強く主張している。担任時代には、「歩くように、呼吸をするように、負担感なく作文が書けるようになろう」と子供達に呼びかけ、書くことの日常化を図ってきた。

一般論として、「話し合い学習」に終始する授業は学力形成上よくない、と言えるが、「集団思考」の功を全く否定することもできない。「質の高い話し合い学習」も存在するし、それを目指すことによってかなり効力のある「話し合い」ができるように育て上げることもできる。「話し合いか書くことか」という二項対立ではなく、両者の長短を考え、効果的に組み合わせた授業づくりが現実的な良策である。

宇佐美寛先生

私にとりましては、まことに恐れ多い宇佐美寛先生との「共著」につき、ようやく書き終えることができました。先生の御高著『国語教育を救え』を拝読しつつ、私が教えて戴いたり、学んだり、感じたり、考えたり、疑問に思ったりしたことを、遠慮なく、率直に書かせて戴きました。先生の玉稿に対し、私の力不足から理解の不十分や誤解に基づく失礼、無礼の点が多々あったのではないかと恐れ、申し訳なく存じております。他意のない本音、菲才《ひさい》の故と、どうぞお許しくださいますようお願い申し上げます。

久々に、一冊の本を繰り返し、繰り返し、熟読、精読をするという体験をさせて戴きました。何かと雑事に取り紛れ、日常の読書は、流し読み、斜め読み、瞥見《べっけん》というレベルに終わっていますので、今回の精読体験は顧みて清々しい思いがいたします。久しぶりに「勉強させて戴いた」という充実感を覚えております。貴重な機会をお恵み下され心より感謝申し上げます。

新しく、と申しますか、改めてと申しましょうか、気づいたことが一つございました。それは、「自分の考えを変える」ということの難しさです。「発問」による指導について、宇佐美先生は否定的、軽視派、私は肯定的、重視派という対立がありました。双方の立場からの主張や批判がなされましたが、最終的には双方とも始めと同じ考えで変わりませんでした。「海の命」を宇佐美先生は「たるんだ教材」「劣悪な教材文」という評価をされ、私は「ひきしまった」「すぐれた教材」と評価しました。この件についても、双方からの主張、分析、批判が述べられましたが、最終的に、両者のそれぞれの評価は変わりませんでした。つまり、両者の考えや主張は、紙上の討論の前と後とで変わることはなかったことになります。「考えが変わる」「考えを変える」ということは、このようにかなり困難なのだということに改めて気づかされました。

私は、日頃、「できることより変わること」「教育とは、相手をよりよく変えること」「教育も指導も授業も、その本質は向上的変容の保障にある」と申して参りましたが、人はそう簡単には「変わらないものだ」ということに気づき、もう一度自分の言葉を見つめたく思います。

さて、結果的に変わらなかったから、それは無駄、無益だったか、ということになると、そうではありません。随分考え、吟味し、ゆさぶられたその過程には大きな価値があったと思います。そのような実感が持てたということは、紙上討論を経たことによってこそ齎《もたら》された成果です。今回の相互批判によって、結果としての可視的な立場や現象に変化はなくても、不可視の部分での変化は大いにあったのだと言えるでしょう。

先生にとって本当に貴重で大切なお時間を、今回の共著のために割いてくだされ、御懇篤な御指導を賜りましたことに心より深く感謝を捧げ、厚く御礼を申し上げます。合掌。

●著者紹介

宇佐美 寛（うさみ　ひろし）

1934年神奈川県横須賀市生まれ。東京教育大学教育学部卒業、同大学大学院教育学研究科博士課程修了、教育学博士。東京教育大学助手、千葉大学講師、同助教授、教授（1993-97年教育学部長、1998-2000年東京学芸大学教授併任）。1961～62年米国、州立ミネソタ大学大学院留学（教育史・教育哲学専攻）。現在千葉大学名誉教授。九州大学、山梨大学、岩手大学、山形大学、秋田大学、茨城大学、上智大学、立教大学、早稲田大学等の非常勤講師（客員教授）を務めた。

著書に『私の作文教育』『教師の文章』『国語教育を救え』（以上、さくら社）、『宇佐美寛・問題意識集（1～15）』（以上、明治図書）、『論理的思考』（メヂカルフレンド社）、『大学の授業』（東信堂）等多数。

野口芳宏（のぐち　よしひろ）

1936年千葉県君津市生まれ。千葉大学教育学部卒業。公立小学校教諭、千葉大学附属小学校教諭を経て、公立小学校教頭、校長を務める。退職後、北海道教育大学教授、植草学園大学教授等を歴任し、現在植草学園大学名誉教授。「鍛える国語教室」研究会、授業道場野口塾各主宰。また2009年7月-15年12月千葉県教育委員を務めた。

著書に『教師の作法　指導』『授業づくりの教科書　国語科授業の教科書』（以上、さくら社）『野口芳宏　第一著作集全20巻』『同 第二著作集全15巻』『鍛える国語教室シリーズ』（以上、明治図書）、『野口流　授業の作法』『野口流　教室で教える小学生の作法』（以上、学陽書房）等多数。

教育と授業
宇佐美寛・野口芳宏往復討論

2019年8月5日　初版発行

著　者　宇佐美 寛・野口芳宏
発行者　横山験也
発行所　株式会社さくら社
〒101-0051　東京都千代田区神田神保町2-20 ワカヤギビル507号
TEL：03-6272-6715／FAX：03-6272-6716
http://www.sakura-sha.jp　郵便振替 00170-2-361913

ブックデザイン　佐藤 博
印刷・製本　株式会社廣済堂

ISBN978-4-908983-31-3　C0037

さくら社の理念

●書籍を通じて優れた教育文化の創造をめざす

教育とは、学力形成を始めとして才能・能力を伸ばし、目指すべき地点へと導いていくことでしょう。しかし、そこへと導く方法は決して一つではないはずです。多種多様な考え方、やり方の中から、指導者となるみなさんが自分に合った方法を見つけ、実践していくことで、教育文化は豊かになっていきます。さくら社は、書籍を通じてそのお手伝いをしていきたいと考えています。

●元気で楽しい教育現場を増やすことをめざす

教育には継続する力も必要です。同時に、継続には前向きな明るさ、楽しさが必要です。先生の明るい笑顔は子どもたちの元気を生みます。子どもたちの元気な笑顔で先生も元気になります。みんなが元気になることで、教育現場は変わります。日本中の教育現場が、元気で楽しい力に満ちたものであるために――さくら社は、書籍を通じて笑顔を増やしていきたいと考えています。

●たくましく豊かな未来へとつなげることをめざす

教育は、未来をつくるものです。教育が崩れると未来の社会が崩れてしまいます。教育がたくましくなれば、未来もたくましく豊かになります。たくましく豊かな未来を実現するために、教育現場の現在を豊かなものにしていくことが必要です。さくら社は、未来へとつながる教育のための書籍を生み出していきます。